De l'argent rapide en un week-end.

DE L'ARGENT RAPIDE EN UN WEEK-END

Par : D.K. Hawkins
Série "Quick Money"
Version 1.1 ~Novembre 2022
Publié par D.K. Hawkins sur KDP
Copyright ©2022 par D.K. Hawkins. Tous droits réservés.

Aucune partie de cette publication ne peut être reproduite, distribuée ou transmise sous quelque forme ou par quelque moyen que ce soit, y compris la photocopie, l'enregistrement ou d'autres méthodes électroniques ou mécaniques, ou par tout système de stockage ou de récupération de l'information, sans l'autorisation écrite préalable des éditeurs, sauf dans le cas de très brèves citations incorporées dans des critiques et certaines autres utilisations non commerciales autorisées par la loi sur le droit d'auteur.

Tous droits réservés, y compris le droit de reproduction totale ou partielle sous quelque forme que ce soit.

Toutes les informations contenues dans ce livre ont été soigneusement recherchées et vérifiées quant à leur exactitude factuelle. Toutefois, l'auteur et l'éditeur ne garantissent pas, de manière expresse ou implicite, que les informations contenues dans ce livre conviennent à chaque individu, situation ou objectif et n'assument aucune responsabilité en cas d'erreurs ou d'omissions.

Le lecteur assume le risque et la pleine responsabilité de toutes ses actions. L'auteur ne sera pas tenu responsable des pertes ou des dommages, qu'ils soient consécutifs, accidentels, spéciaux ou autres, qui pourraient résulter des informations présentées dans ce livre.

Toutes les images sont libres d'utilisation ou achetées sur des sites de photos de stock ou libres de droits pour une utilisation commerciale. Pour ce livre, je me suis appuyé sur mes propres observations ainsi que sur de nombreuses sources différentes, et j'ai fait de mon mieux pour vérifier les faits et attribuer le mérite à qui de droit. Dans le cas où du matériel serait utilisé sans autorisation, veuillez me contacter afin que l'oubli soit corrigé.

Les informations fournies dans ce livre le sont à titre informatif uniquement et ne sont pas destinées à être une source de conseils ou d'analyse de crédit en ce qui concerne le matériel présenté. Les informations et/ou documents contenus dans ce livre ne constituent pas des conseils juridiques ou financiers et ne doivent jamais être utilisés sans avoir consulté au préalable un professionnel de la finance afin de déterminer ce qui convient le mieux à vos besoins individuels.

L'éditeur et l'auteur ne donnent aucune garantie ou autre promesse quant aux résultats qui peuvent être obtenus en utilisant le contenu de ce livre. Vous ne devez jamais prendre de décision d'investissement sans consulter au préalable votre propre conseiller financier et sans effectuer vos propres recherches et diligences. Dans toute la mesure permise par la loi, l'éditeur et l'auteur déclinent toute responsabilité dans le cas où les informations, commentaires, analyses, opinions, conseils et/ou recommandations contenus dans ce livre s'avéreraient inexacts, incomplets ou peu fiables ou entraîneraient des pertes d'investissement ou autres.

Le contenu de ce livre n'est pas destiné à et ne constitue pas un conseil juridique ou un conseil en investissement, et aucune relation avocat-client n'est établie. L'éditeur et l'auteur fournissent ce livre et son contenu sur une base "telle quelle". Vous utilisez les informations contenues dans ce livre à vos propres risques.

TABLE DES MATIÈRES.

De l'argent rapide en un week-end. 1

TABLE DES MATIÈRES. 4

INTRODUCTION. 7

CHAPITRE 1: POURQUOI GAGNER DE L'ARGENT RAPIDEMENT LE WEEK-END?..10

CHAPITRE 2: COMMENT GAGNER RAPIDEMENT DE L'ARGENT LE WEEK-END. 14

   1. Vendre des objets appartenant à d'autres personnes. 14

   2. Rédaction d'articles. 16

   3. Créer un blog. 23

   4. Gardien de maison. 32

   5. Services d'entretien ménager. 41

   6. Services de peinture résidentielle. 45

   7. Services de promenades pour chiens. 49

   8. Commerce des distributeurs automatiques. 53

   9. eBay et Craigslist. 58

   10. L'échange rencontre le marketing. 60

   11. Babysitting. 71

   12. Vendre le souper. 73

   13. Enquête rémunérée. 74

   14. Vendre de l'espace publicitaire sur votre blog. 76

   15. Marketing d'affiliation. 77

   16. Commissaire-priseur en ligne. 81

17. Freelancing. 82
18. Recevez de l'argent pour vos appareils électroniques. ... 83
19. Travailler dans le domaine de l'esthétique automobile. 84
20. Sculpture de gâteaux. 85
21. Photographie d'animaux. 85
22. Des choses faites sur mesure. 86
23. Tutorat. 87
24. Détaillage de véhicules. 89
25. Préservation des propriétés commerciales. 90
26. Sauveteur. 90
27. Machiniste pour un groupe de musique ou une troupe de théâtre. 91
28. Créer une entreprise d'entretien de voitures. 92
29. Participer à une collecte de bouteilles. 92
30. Hold a yard sale. 93
31. Le papier journal. 93
32. Paysagiste temporaire. 93
33. Démarrer une petite entreprise. 94
34. Utilisez votre savoir-faire. 94
35. Location de vacances privée. 95

CHAPITRE 5: LES EMPLOIS PRÉFÉRÉS DES ÉTUDIANTS LE WEEK-END. 98

CHAPITRE 6: GAGNER 1 000 $ EN UN SEUL WEEK-END. 101

CHAPITRE 7: LES ÉTAPES POUR TROUVER RAPIDEMENT UN TRAVAIL LE WEEK-END. 108

CHAPITRE 8: MON TOP 50 DES FAÇONS DE GAGNER 100 $ EN LIGNE EN UN WEEK-END. 113

CONCLUSION. 122

INTRODUCTION.

Ce week-end, il existe de nombreuses possibilités de gagner rapidement de l'argent sans rien dépenser. Certes, il existe de nombreuses alternatives gratuites pour gagner de l'argent. De nombreuses personnes ont maîtrisé ces méthodes et ont commencé à quitter progressivement la rat race. Permettez-moi de vous présenter quelques techniques simples pour échapper à la course au rat.

Par exemple, l'obtention d'articles réimprimés est le moyen le plus rapide de se lancer dans le blogging AdSense. Les articles réimprimés sont des articles gratuits qui peuvent être publiés sur un site en tant que contenu. Vous devez d'abord vous inscrire à un blog gratuit et y publier vos articles de réimpression.

Ensuite, publiez au moins 10 articles et soumettez-les aux principaux annuaires pour promouvoir votre site, et voilà ! Les gens s'intéresseront à votre blog et cliqueront sans doute sur vos publicités AdSense, et vous serez rémunéré pour cela, ce qui vous permettra d'avoir de l'argent rapidement avant le week-end ! (La solution pour gagner de grosses sommes d'argent avec ces blogs est d'en créer au moins cinq).

Commencer par la distribution d'articles à des annuaires d'articles peut ne pas vous faire gagner beaucoup d'argent immédiatement. Néanmoins, ce processus se développe progressivement et permet de générer un trafic considérable lorsque vous soumettez de nombreux articles.

Il existe plusieurs méthodes pour rejoindre des forums et vendre du contenu. Vous serez étonné par le nombre de personnes qui souhaitent acheter vos articles. Je l'ai fait, et les gens adorent acheter du contenu de forum. Combien pouvez-vous gagner simplement en créant et en vendant des articles ?

Si vous êtes sérieux, vous pouvez écrire un article en quinze minutes et facturer 5 $ par article. Vous pouvez voir à quelle vitesse cela va s'accumuler et vous faire gagner au moins 100 $ d'ici ce week-end. Voici quelques-unes des meilleures suggestions pour l'artisanat, mais voici la solution finale.

Actuellement, si vous pensez que votre salaire est suffisant, vous vous trompez. Les gens rivalisent pour trouver plus d'emplois afin d'améliorer leur situation financière pour un lendemain plus radieux. L'emploi à temps partiel le week-end est l'un des emplois supplémentaires les plus courants.

Son seul but est d'améliorer votre bien-être financier. En outre, les horaires flexibles profiteront à d'autres personnes et n'interféreront pas avec votre emploi principal. Si vous décidez de chercher un emploi le week-end, les explications ci-dessous peuvent vous être utiles. Bonne lecture.

CHAPITRE 1: POURQUOI GAGNER DE L'ARGENT RAPIDEMENT LE WEEK-END?

Tout d'abord, nous avons besoin d'opportunités, que l'économie moderne offre quotidiennement près de chez vous ! Pour la plupart des familles qui vivent d'un salaire à l'autre, c'est une bénédiction et il est encore extrêmement possible de gagner rapidement de l'argent chaque week-end. Je ne fais pas référence au marketing multi-niveaux, à la création de produits ou à la prospection téléphonique.

C'est difficile lorsque vous faites tout ce que vous pouvez pour payer vos factures, et une petite augmentation de revenu vous permettrait de respirer un peu. Une fois que j'ai découvert cela, j'ai pu payer ma voiture et mes cartes de crédit avec l'autre argent généré. Elles étaient ma principale préoccupation car je craignais de verser tout mon argent aux créanciers, mais si vous voulez une télévision grand écran, allez-y.

Lorsque je décris une méthode unique pour gagner de l'argent rapidement, je ne fais pas référence à l'argent gratuit que l'on peut obtenir sans effort, car cela n'existe pas. Si vous n'êtes pas gêné par un peu de travail sur le terrain, vous pouvez créer votre propre entreprise pour moins de 100 $ et opérer en toute discrétion tout en générant un revenu supplémentaire. puis, écoutez attentivement.

Que l'économie soit forte ou mauvaise, les priorités de chacun changent, et il en va de même pour ceux qui stockent leurs biens les plus précieux dans de petites unités de stockage. Certaines de ces unités sont finalement abandonnées, et le loyer mensuel n'est pas payé. C'est une excellente occasion d'enchérir sur une unité et de gagner son contenu.

Lorsque vous remportez une enchère et que vous explorez le contenu de l'unité de stockage compacte, c'est comme Noël. Certains produits, comme la caméra vidéo haut de gamme que j'ai gagnée, vous seront utiles, à vous et à votre famille. Il vous faudra ensuite obtenir des prix pour les autres objets, ce que je vous montrerai comment accomplir facilement en ligne.

Vous n'avez pas besoin de vendre ces produits ; il vous suffit de soumettre une annonce avec le langage approprié pour la faire ressortir. En outre, il existe un site Web qui peut vendre vos biens en moins de vingt-quatre heures pour de l'argent comptant sans frais.

Examinez les mini-unités de stockage de votre quartier et des municipalités adjacentes que vous pouvez utiliser pour gagner rapidement de l'argent. Le contenu de ces unités de stockage doit être déplacé avant de pouvoir être reloué. Vous offrez un service pour les aider, pour lequel vous êtes généreusement rémunéré.

Plus de quatre-vingt-dix pour cent de ceux qui lisent ceci ne feront rien. Ceux qui vont maintenant faire une offre peuvent être découragés par le fait qu'ils n'ont pas remporté d'enchères la première fois et abandonner leurs efforts.

Vous, cependant, n'êtes pas comme eux ; vous en avez besoin et vous êtes persévérant ; vous vous rendez compte qu'avec le temps, vous apprendrez de nouvelles choses en parlant avec ceux qui ont acquis de l'expérience et obtenu de grands succès.

CHAPITRE 2 : COMMENT GAGNER RAPIDEMENT DE L'ARGENT LE WEEK-END.

1. Vendre des objets appartenant à d'autres personnes.

Aider les autres à gagner de l'argent est une activité lucrative, et il est fort possible de donner aux autres un moyen rapide et facile de gagner de l'argent. La plupart d'entre nous ont accumulé plus de biens matériels que nécessaire. C'est une occasion en or d'acquérir une entreprise qui prospérerait en cas de difficultés économiques.

Comment ? Vous pouvez gagner de l'argent le week-end en proposant vos services en tant qu'organisateur de ventes de garage et de successions et en vendant les biens d'autrui. Nous savons déjà que de nombreuses personnes ont dans leur garage ou leur maison de nombreux objets qu'elles pourraient vendre, et nous savons aussi que les gens essaient d'économiser de l'argent pour acheter dans des magasins à prix réduits. Qu'est-ce qui pourrait être un meilleur lieu d'achat qu'une vente de garage ou de succession ?

Vous proposez d'organiser la vente d'articles de A à Z afin que les gens puissent arriver avec une somme d'argent conséquente en fin de semaine. Vous serez responsable de chaque aspect du projet. Vous rédigez une liste des produits à vendre et du prix auquel ils doivent être vendus. Il vous suffit de faire signer le formulaire à votre client et de lui en remettre une copie. Vous vous occupez de la publicité et de la promotion de la vente et même de la vente des produits eux-mêmes.

Vous pourriez être étonné de réaliser combien les gens ont vraiment à vendre et quelle valeur ils attendent dans un garage. Vous pouvez également prévenir vos voisins que vous organisez une vente et leur demander s'ils veulent en organiser une.

Ils peuvent participer en préparant un carton de produits que vous pourrez venir chercher. Cela pourrait amener un autre client à désirer leur vente ou simplement leur donner un aperçu de ce que vous faites pour leurs voisins. Dans les deux cas, vous aidez ceux qui ont besoin d'un peu d'argent et vous gagnez une entreprise qui n'a besoin que de votre talent pour l'organisation et la publicité.

2. Rédaction d'articles.

Savez-vous que la rédaction d'articles peut générer des revenus substantiels ? Elle est considérée comme l'une des industries de plus en plus multimilliardaires de l'Internet. Quelles sont les clés pour devenir un rédacteur d'articles à succès ou pour exploiter une entreprise à domicile qui vend des services de rédaction d'articles ? Je vais vous décrire les sept habitudes d'un bon rédacteur d'articles.

Proactive.

Lorsque vous créez une entreprise, vous découvrez que des milliers d'autres personnes font la même chose, mais pourquoi certaines personnes excellent-elles alors que d'autres échouent ? Les rédacteurs d'articles qui échouent anticipent passivement une commande. Cette caractéristique distingue les bons auteurs d'articles des autres.

Ils n'investissent pas de temps dans le développement de leur activité d'écriture d'articles. On peut être proactif de plusieurs façons, notamment en créant un profil vidéo, en suivant des cours de rédaction d'articles et en établissant des réseaux avec d'autres auteurs en ligne ou hors ligne. Toutes ces actions vous permettront d'obtenir davantage de commandes d'articles et de suggestions pour devenir un meilleur rédacteur.

Perspective à long terme.

Les rédacteurs d'articles qui réussissent ont un objectif à long terme qui les mènera au succès à long terme. Ils établissent leurs objectifs de style de vie de manière à pouvoir travailler quand et où ils le souhaitent.

Avec cet idéal de vie en tête, ils font tout leur possible pour réussir. Comme pour toutes les autres activités sur Internet, la rédaction d'articles n'est pas un moyen rapide de gagner de l'argent. Il faut du temps pour développer son expertise, sa réputation et son référencement.

Être ponctuel.

Qui a le temps ? Personne n'a raison. Les auteurs d'articles qui réussissent comprennent l'importance de la ponctualité. Ils se fixent des objectifs quotidiens, horaires et à la seconde près sur lesquels travailler.

C'est ainsi que les efforts modestes accumulent les succès au fil du temps. Livrer à votre client un contenu de haute qualité, dans les délais, améliore votre réputation. Cela devient une publicité gratuite sur Internet pour vous.

Toujours victorieux.

Les rédacteurs d'articles qui réussissent ne recherchent pas les circonstances gagnant-perdant dans les transactions commerciales. Ils se concentrent sur la manière dont leur travail peut aider les autres à générer des revenus. Ils partagent leurs contacts et leurs ressources avec d'autres rédacteurs d'articles afin d'établir un vaste réseau. Ainsi, ils peuvent créer une entreprise durable en utilisant leurs connaissances et leurs compétences pour attirer de nombreux prospects.

Soyez positif.

Le principe de la loi de l'attraction est efficace pour les rédacteurs d'articles et leurs entreprises. L'énergie positive attire à elle l'énergie positive. Ils trouvent des moyens de s'améliorer lorsqu'ils ont confiance en leur travail et acceptent la responsabilité du résultat. Par conséquent, ils étendent rapidement leur réseau.

Être prêt à apprendre.

Les connaissances évoluent constamment. Les rédacteurs d'articles peuvent choisir des créneaux plus spécialisés, mais ils doivent continuellement rafraîchir leurs connaissances, leur terminologie et leurs expressions. Quel que soit le degré de perfectionnement de leurs talents, leurs écrits ne parviendront pas à captiver les lecteurs s'ils cessent d'apprendre. Si vous écrivez comme un professeur des années 80, il vous sera impossible d'attirer les lecteurs.

Engagement.

C'est une habitude essentielle de tous les individus qui réussissent. Supprimez "je vais essayer" de votre dictionnaire mental. Lorsqu'ils transforment "essayer" en "devoir", ils s'engagent. Cela implique de renoncer à leur temps libre pour regarder d'interminables feuilletons, Facebook, et faire du lèche-vitrine le week-end. Lorsqu'ils rencontrent des obstacles ou des refus, ils se rappellent immédiatement leur vision et reprennent le travail.

Vous êtes impatient de commencer à écrire, alors vous devriez vous mettre en relation avec un spécialiste de la rédaction d'articles qui pourra vous servir de mentor. La première étape consiste à lui faire partager ses années d'expérience et une bibliothèque secrète. Cliquez ici pour en savoir plus.

Le marketing d'article est un moyen simple de gagner de l'argent s'il est fait correctement. Il est plus facile que de nombreuses autres possibilités de gagner de l'argent en ligne. Par exemple, la commercialisation d'articles est beaucoup plus simple que l'optimisation des moteurs de recherche, dans laquelle vous tentez de classer les pages de votre site Web en fonction de divers mots clés qu'un utilisateur peut saisir dans Google.

Les vidéos sont la seule chose comparable aux articles, et le marketing vidéo est pratiquement le même que le marketing par articles, sauf que vous utilisez des vidéos. Ce marketing est également beaucoup plus indulgent que le marketing par paiement au clic, où vous pouvez rapidement perdre beaucoup d'argent. Il nécessite également beaucoup moins de temps que le marketing des médias sociaux.

Vous pouvez gagner beaucoup d'argent avec le marketing d'article ! C'est une méthode de base. Vous n'êtes pas obligé de créer un site Web élaboré ou quoi que ce soit d'autre. Pour commencer, vous n'avez besoin que d'un ordinateur et d'un peu de temps libre. Oh oui, vous devez savoir ce que vous faites ! À la lumière de ce qui précède, examinons certains des talents dont vous pouvez avoir besoin pour réussir dans cette forme de marketing.

Eh bien, que puis-je dire ? Vous devez avoir la capacité d'écrire. Vous avez cependant de la chance. Ce n'est pas l'école, et vous ne serez pas noté. En fait, ils vous évalueront en achetant vos produits, mais ce n'est pas un système de notation traditionnel.

Si vous savez écrire, vous pouvez gagner de l'argent avec le marketing d'articles, mais vous n'avez pas besoin d'écrire efficacement. Le fait que vos écrits aient un contenu significatif est beaucoup plus essentiel. Il n'est pas nécessaire qu'il soit bouleversant.

Vous n'avez pas besoin de trouver la formule d'Einstein à chaque fois que vous écrivez, mais vous devez être capable de transmettre des connaissances dont les autres ont besoin et qu'ils veulent. Cela signifie que vous devriez probablement écrire des articles sur des sujets toujours populaires, tels que la perte de poids, l'auto-assistance et la façon de gagner plus d'argent.

3. Créer un blog.

Vous avez probablement entendu dire que le blogging pouvait être lucratif, et vous avez probablement été inondé d'e-mails vous expliquant comment gagner des milliers de dollars du jour au lendemain rien qu'en écrivant. Qui ne pourrait pas avoir besoin d'argent supplémentaire chaque mois en cette période économique difficile ? Heureusement, vous savez reconnaître une arnaque quand vous en voyez une et vous n'êtes pas tombé dans le piège des spécialistes du marketing qui achètent programme sur programme à la recherche d'un programme qui fonctionne.

La véritable tragédie est que vous pouvez gagner de l'argent en bloguant, et des milliers de personnes le font déjà. Vous ne deviendrez pas riche du jour au lendemain, mais si vous êtes prêt à faire quelques efforts, vous pouvez gagner un revenu régulier pour subvenir aux besoins de votre famille. Si vous y consacrez du temps et des efforts, vous pouvez gagner des millions (mais pas du jour au lendemain). Vous pourriez remplacer votre emploi de jour par un blog.

Mais pour gagner de l'argent, vous devez comprendre les principes fondamentaux du secteur des blogs.

Choisissez un créneau.

Vous aurez besoin d'un sujet sur lequel écrire ; le choix du bon sujet peut faire la différence entre le succès et l'échec. L'objectif ultime est d'attirer des visiteurs sur votre site Web, de cultiver une relation avec eux, puis de leur vendre quelque chose. Le choix d'une niche avec peu de concurrence est crucial pour atteindre cet objectif.

Comment accomplir cela?

Il existe néanmoins certaines lignes directrices générales à garder à l'esprit. Selon un vieux proverbe de marketing direct, un spécialiste du marketing (ce que vous deviendrez) doit identifier une foule affamée, déterminer ce dont elle a envie, puis la nourrir.

Un autre critère consiste à repérer un public dont la demande occupe leurs pensées au moins une fois par jour et dans lequel ils ont un investissement émotionnel. Par exemple, une personne souffrant d'hypertension y pense vraisemblablement tous les jours lorsqu'elle prend ses médicaments. Elle est investie émotionnellement car elle peut mourir de cette maladie. Elles cherchent désespérément un remède ou, à tout le moins, un soulagement des effets indésirables du médicament.

Ces publics sont nombreux dans les niches traitant de la santé, des relations ou de la richesse.

Repérer un public est simple. Trouver un public qui a soif de quelque chose demande plus d'efforts.

Une méthode pour déterminer ce dont ce public a envie est d'observer ce qu'il achète. Vous pouvez le faire en ligne en visitant Amazon et en examinant les produits les plus vendus dans une catégorie donnée.

Vous pouvez également tirer parti des dizaines de milliers de dollars que d'autres ont dépensés en études de marché pour déterminer ce qu'ils proposent. Une visite du site Web des livres "Dummies", par exemple, vous fournira une liste des titres qu'ils vendent. Ces titres ne seraient pas proposés s'ils ne se vendaient pas.

Une fois que vous avez choisi une niche, vous devez essayer de la rendre aussi spécifique que possible. Par exemple, si vous choisissez le trading d'actions, vous pouvez affiner votre choix en vous concentrant sur le day trading de futures.

En vous concentrant sur le day trading futures, vous éliminez une grande partie de la concurrence et vous vous adressez à une clientèle de niche. En outre, le mot-clé "day trading futures" reçoit environ 9000 recherches mensuelles.

Sélectionnez un produit.

Après avoir sélectionné une niche, l'étape suivante consiste à vendre quelque chose, ce qui est la partie la plus simple. Tous les fabricants vendent par le biais d'affiliés, y compris Wal-Mart, Macy's et des dizaines de milliers d'autres.

Vous pouvez rechercher sur Google des produits liés au day trading en utilisant l'exemple précédent en tapant "day trading affiliate". Choisissez en trois ou quatre et inscrivez-vous. Vous recevrez des ordures, mais vous acquerrez aussi des joyaux.

Votre blog.

Il existe de nombreuses plateformes de blogs gratuites, telles que Blogspot.com, Weebley.com, et des réseaux 2.0, tels que HubSpot, Squidoo, et bien d'autres. Cependant, si vous souhaitez monétiser votre blog, vous devez obtenir votre nom de domaine et l'héberger vous-même.

Ce petit investissement se justifie par deux raisons principales. Tout d'abord, il s'agit de votre site Web, et les conditions générales de quiconque ne vous lient pas. Vous pouvez faire ce que vous voulez avec votre domaine sans craindre d'être réprimandé. S'ils déterminent que votre spécialité est le spamming, ils peuvent fermer votre blog s'il est hébergé sur un domaine gratuit.

Deuxièmement, le nom de domaine lui-même est essentiel pour un référencement efficace. En reprenant l'exemple du day trading, vous pourriez tenter d'acquérir daytradingfutures.com, .org, ou .net.

Le contenu est roi.

Même si vous avez la niche la plus chaude et le produit le plus populaire, vous échouerez si votre contenu manque de valeur. Ne publiez pas de contenu dénué de sens juste pour publier quelque chose. Le texte doit être grammaticalement correct et instruire ou amuser le lecteur. Si vous avez du mal à écrire, vous devriez sous-traiter. De nombreux sites de rédaction en freelance proposent des rédacteurs qualifiés à des tarifs raisonnables.

Prendre des mesures.

Une fois que ce site est opérationnel, vous devez continuer à fournir un contenu de qualité ; c'est l'un des avantages de l'utilisation de la plateforme de blog gratuite WordPress pour votre blog. Si vous passez un week-end à rédiger 15 ou 20 articles de blog, vous pouvez les charger dans WordPress et programmer leur publication sur une période donnée. Cela crée un sentiment de croissance "naturelle", que Google adore, et vous donne un répit de près de trois semaines dans la rédaction.

Vous serez peut-être un peu consterné de découvrir que ce n'est pas toujours aussi simple qu'on le dit ; beaucoup de gens qui vous disent que ça l'est essaient simplement de vous prendre de l'argent. Il y aura des approches simples et difficiles pour accomplir une tâche comme n'importe quelle autre.

Faire les choses de la manière la plus difficile peut entraîner de la frustration et finalement l'abandon d'un projet.

L'une des raisons pour lesquelles gagner de l'argent avec des sites de blog est simple est qu'ils permettent à quiconque de publier rapidement du contenu sur Internet. Cela est vrai pour ceux qui travaillent en ligne depuis longtemps et pour les technophobes.

La plupart des logiciels de blog actuels sont gratuits et stupidement simples à installer et à gérer. En suivant les instructions de base, vous pourrez commencer à gagner de l'argent avec des sites de blog presque immédiatement, même s'il y a une légère courbe d'apprentissage associée à cette façon de travailler sur Internet.

Vous devrez d'abord configurer votre blog. Cela peut se faire de plusieurs façons, soit en créant un site Web de blog gratuit, soit, pour une approche plus professionnelle, en achetant un domaine et un hébergement. Si votre objectif est de gagner quelques dollars, vous pouvez le faire sans payer sur des sites tels que blogger.com.

Toutefois, si vous souhaitez créer une entreprise et générer des revenus à long terme à partir de sites de blogs, vous souhaiterez peut-être adopter une apparence plus professionnelle.

Bien que le lancement d'une entreprise de cette nature implique beaucoup de choses, cela ne doit pas être trop compliqué. Il existe de nombreux manuels remarquables qui vous guideront à travers chaque étape de la procédure. En suivant scrupuleusement ces étapes, vous pouvez tout mettre en place et commencer à gagner de l'argent avec des sites Web de blogs en un week-end ou deux.

La plupart des blogs à succès commencent comme des passe-temps de week-end qui se transforment ensuite en entreprises. Un exemple de blog sur l'alimentation est KampungboyCitygal.com, qui couvre la scène de la cuisine asiatique. Le New York Times a couvert leur blog et a récemment ajouté une section sur leurs voyages.

Si vous êtes doué pour l'écriture et que vous avez suffisamment de contenu pour tenir trois à six mois, vous pouvez obtenir une quantité durable de trafic et d'intérêt sur votre blog. Une fois que vous avez une certaine quantité de trafic, vous pouvez développer votre blog en recherchant des blogueurs invités ou en passant en revue les articles d'autres blogueurs.

Les blogueurs qui réussissent peuvent gagner de l'argent en faisant de la publicité sur leurs sites ou en publiant des critiques de produits que leurs lecteurs peuvent trouver utiles. En outre, leurs blogs peuvent attirer un public important, ce qui leur permet de décrocher un contrat lucratif avec un éditeur de premier plan.

4. Gardien de maison.

De nombreuses personnes modifient radicalement leur vie pour devenir des gardiens à plein temps de domaines, de fermes, de ranchs ou même de réserves naturelles. La profession de soignant existe depuis des millénaires et n'est pas nouvelle.

Cependant, l'ère moderne nous a offert le choix de voyager en avion et la possibilité de communiquer par le biais d'Internet et des journaux. Ces deux moyens de communication ont mis au premier plan la possibilité de dispenser des soins à tout le monde.

De nombreuses situations nécessitent les services d'un gardien, la plus courante étant l'achat d'une deuxième, voire d'une troisième résidence en raison d'un emploi. Les parents ne confient plus leurs enfants à une nounou ou à un parent lorsqu'ils voyagent, mais les emmènent avec eux.

Cela a incité de nombreuses personnes à acheter une deuxième résidence. Ces personnes ne sont pas disposées à louer leur résidence secondaire. Elles souhaitent pouvoir y retourner à tout moment.

D'autres achètent des résidences secondaires dans des destinations de vacances populaires. Ces personnes ne sont pas intéressées par un simple investissement immobilier. Ces propriétés de vacances sont achetées pour offrir une invitation ouverte à la famille et aux amis qui peuvent souhaiter les visiter à tout moment.

Les gens vivent plus longtemps qu'avant, c'est un fait bien connu. Le propriétaire d'une ferme, d'un ranch ou d'une auberge peut embaucher un jeune travailleur pour l'aider à gérer la propriété. Leurs enfants adultes ont peut-être leurs propres occupations ou ne souhaitent peut-être pas jouer un rôle aussi actif dans la gestion de l'entreprise familiale.

Il est connu que les primes d'assurance des résidences secondaires sont plus élevées que celles d'une résidence principale. Cette augmentation est attribuable au fait que les compagnies d'assurance savent que les résidences secondaires sont généralement vacantes. La probabilité d'une effraction, d'une inondation ou d'un incendie est accrue dans ces résidences. Ces groupes découvrent que l'emploi d'un concierge répond à leurs diverses exigences.

L'engagement d'un concierge peut réduire légèrement les primes d'assurance, selon la compagnie d'assurance.

Ceux qui emploient des concierges découvrent également que cela leur permet d'économiser de l'argent au fil du temps. Il est beaucoup plus rentable d'avoir quelqu'un sur place pour effectuer l'entretien de routine, identifier les problèmes éventuels et effectuer les réparations au fur et à mesure qu'ils se présentent, que d'engager une aide extérieure pour une tâche importante.

De plus, leur maison et leurs biens sont protégés contre les cambriolages potentiels, les vagabonds et les jeunes du conseil qui pourraient choisir de flâner. Les gardiens peuvent être recrutés à court ou à long terme.

Les personnes ou les familles qui fournissent des services de gardiennage recherchent un changement de rythme. En général, il s'agit d'habitants de la ville qui souhaitent un changement d'atmosphère et de mode de vie pour leur famille et eux-mêmes.

Certaines personnes ne travailleraient jamais avec des animaux ou dans une réserve naturelle. D'autres ne sont pas en mesure de migrer vers des endroits éloignés ou ruraux. La vocation de soignant leur ouvre des portes.

En général, les soignants sont des retraités. L'envie de se sentir utile, le désir d'une seconde profession et la possibilité de se perdre dans un nouvel environnement attirent les retraités vers le métier de soignant. Leurs expériences de vie antérieures leur seront utiles lorsqu'ils entreront dans le secteur des soins.

Les emplois de concierge sont garantis à toute personne compétente en matière de gestion des terres, de jardinage, d'entretien et de soins aux animaux. Le gardiennage dans une auberge ou un hôtel peut être une alternative viable pour une personne ayant de l'expérience en matière de délégation, de gestion et de service à la clientèle.

Ces dernières années, il aurait été impossible pour les retraités de suivre leurs objectifs et de s'installer dans une région choisie. Ce n'est toutefois plus le cas. Ceux qui ont toujours désiré cultiver leur terre, travailler avec des animaux ou résider sur une plage exotique peuvent atteindre ces objectifs grâce au gardiennage.

Les jeunes familles trouvent également des possibilités d'emploi en tant que soignants. De nombreux grands propriétaires, éleveurs et réserves naturelles emploient des parents de jeunes enfants pour aider à l'entretien du site. Les parents choisissent de déménager pour apprendre à leurs enfants d'autres régions du monde et de nouveaux modes de vie ou pour les sortir de la ville et les rapprocher de la nature.

Un aspect essentiel de la compréhension de l'aide aux personnes dépendantes est qu'il s'agit d'une activité de loisirs. Ce n'est pas comme le monde des affaires, et vous n'avez pas à vous inquiéter de vivre sous la surveillance d'un employeur dictatorial.

La plupart des propriétaires ne sont même pas là, et ceux qui comprennent la valeur de la solitude et d'un environnement tranquille le sont. Ce cadre permet aux gardiens de voyager à leur propre rythme et de profiter de tous ses avantages.

La gratuité du loyer est le principal avantage accordé aux concierges. Cela permet aux retraités d'épargner, de payer les études de leurs enfants ou de couvrir d'autres dépenses du ménage. Le loyer gratuit aide également les jeunes familles qui économisent pour leur propre maison. Dans cet environnement décontracté, les soignants doivent être très indépendants, motivés et capables de travailler de manière autonome.

Selon l'emploi, une petite allocation ou rémunération peut être fournie, ainsi qu'une assurance maladie. Le soignant couvre généralement les frais de déménagement, mais le propriétaire peut occasionnellement couvrir ces frais.

Les responsabilités d'un soignant varient en fonction de son lieu de travail.

Cependant, les priorités absolues de tous les soignants sont l'intégrité et la passion pour l'environnement. Travailler dans une ferme équestre, un ranch ou une réserve naturelle requiert une passion pour les animaux.

Les gardiens d'auberge doivent avoir une passion pour les gens et le service à la clientèle. En fonction des intérêts et des domaines de compétence du gardien, il est généralement possible de trouver un propriétaire approprié.

La plupart des propriétaires sont prêts à former une personne avec laquelle ils ont une relation, qu'ils considèrent comme digne de confiance et qui a du potentiel. Les propriétaires préfèrent embaucher une personne qu'ils estiment digne de confiance plutôt qu'une personne ayant une page de références et qu'ils soupçonnent d'être un escroc. Il est également crucial de se rappeler que les personnes qui ne se considèrent pas comme expérimentées dans des domaines spécifiques peuvent faire carrière en tant qu'aide-soignante.

La prestation de soins est une excellente façon pour les retraités de passer leurs années d'or. Le rythme tranquille et relaxant, l'environnement naturel et la gratuité de l'hébergement sont autant d'éléments qui leur permettent de vivre une expérience différente de tout ce qu'ils ont connu jusqu'à présent. Le gardiennage convient également pour ouvrir son ranch, son auberge ou sa pêcherie.

Elle offre aux étudiants la possibilité d'apprendre tout en économisant de l'argent. Les familles bénéficient d'un environnement rural et de la possibilité d'inculquer aux enfants une passion pour la terre et les animaux. L'argent économisé sur le logement peut être investi dans une future maison ou dans l'éducation de leurs enfants.

L'arrangement de gardiennage profite à la fois au propriétaire et au gardien. Les rapports révèlent qu'il y a un besoin croissant de gardiens dans le monde entier. Il est possible d'établir un bon lien entre le propriétaire et le gardien. L'Internet et les journaux peuvent être utilisés pour localiser les propriétaires et les gardiens.

Si vous pouvez démontrer que vous êtes un gardien de maison fiable, c'est une excellente occasion de gagner de l'argent et d'économiser sur le loyer. Cette possibilité est plus efficace pendant l'été, lorsque les gens voyagent pendant de longues périodes et ont besoin de quelqu'un pour s'occuper de leur propriété ou de leurs animaux de compagnie.

Un de mes amis fait cela comme travail d'été pendant l'université. En plus de gagner de l'argent en gardant la maison pendant l'été, il a également économisé de l'argent sur le loyer de son logement universitaire.

5. Services d'entretien ménager.

De nos jours, les services d'entretien ménager sont extrêmement populaires. Les gens étant de plus en plus occupés, ils ont besoin de personnes capables de s'occuper de leur maison ; par conséquent, le nettoyage professionnel des maisons est une méthode fantastique pour gagner de l'argent à l'ère moderne. L'aspect le plus intéressant est que vous n'aurez besoin que d'un investissement financier minimal ; tout ce dont vous avez besoin, ce sont des compétences en matière d'entretien ménager et beaucoup d'efforts.

Avant de commencer, assurez-vous que vous disposez de l'équipement nécessaire. Tout d'abord, vous aurez besoin de produits de nettoyage. Pensez à des marques réputées et efficaces qui peuvent accomplir la tâche avec peu d'efforts.

Ensuite, rassemblez tous les produits de nettoyage nécessaires. Certains clients apportent leurs produits de nettoyage, tandis que d'autres veulent que vous le fassiez. Dans les deux cas, il est préférable d'avoir toutes les bases couvertes. En outre, assurez-vous d'avoir accès à un moyen de transport.

Une fois que vous êtes prêt à lancer votre entreprise de nettoyage professionnel, vous pouvez commencer à commercialiser vos services. L'une des meilleures façons de commencer est d'utiliser votre réseau. Demandez à vos connaissances si elles sont intéressées par vos services. Vous pouvez leur proposer des prix plus avantageux et leur demander de vous recommander à leurs autres connaissances. En fin de compte, le bouche-à-oreille est un formidable instrument de marketing.

Pour élargir votre audience, vous aurez besoin d'un accès à Internet et d'un ordinateur. La commercialisation de vos services de nettoyage professionnel en ligne est une stratégie fantastique pour atteindre directement les clients et permettre aux clients potentiels de vous contacter facilement.

Internet regorge de demandes auxquelles vous pouvez répondre, de sorte que vous n'aurez pas à fournir un travail de marketing supplémentaire après avoir fait passer le mot.

L'inconvénient de la publicité sur Internet est que vous pouvez recevoir des consommateurs dans des régions éloignées, auxquelles vous n'êtes peut-être pas prêt à vous rendre en voiture. Par conséquent, si vous souhaitez que votre entreprise reste locale, du moins pour le moment, vous pouvez recourir à des stratégies de marketing plus conventionnelles, comme l'impression de prospectus et de cartes de visite. Si vous êtes prêt à dépenser un peu d'argent, vous pouvez faire de la publicité dans le journal local.

À mesure que votre clientèle s'élargit, vous pouvez envisager d'associer un partenaire à votre entreprise de nettoyage professionnel. Un partenaire accélérera le processus de nettoyage et vous permettra de programmer des clients supplémentaires. Le fait d'avoir un compagnon augmente également votre sécurité.

Après tout, lorsque vous passez un temps raisonnable dans la maison d'un étranger, il est toujours possible que des scénarios dangereux se produisent. Vous devriez toujours avoir un téléphone portable si vous ne trouvez pas quelqu'un pour vous aider.

Les services de nettoyage sont une excellente entreprise à lancer le week-end. La plupart des personnes qui travaillent toute la semaine détestent nettoyer et ranger leur maison. Ici, vous pouvez gagner de l'argent supplémentaire en effectuant de petites tâches comme la lessive et les services de nettoyage de base. Vous pouvez facturer à l'heure ou proposer des services de nettoyage hebdomadaires sous forme de forfaits.

Par exemple, vous pouvez facturer xx $ par heure pour des services de nettoyage de la maison. Vous pouvez être payé à l'avance si le client s'engage à fournir quatre services de nettoyage par mois. En outre, vous pouvez recevoir une commission pour des services d'entretien de base si la maison que vous nettoyez a également besoin de services comme le shampoing des tapis ou la plomberie.

6. Services de peinture résidentielle.

L'un des avantages de la gestion d'une entreprise de peinture est la flexibilité qu'elle peut offrir. Il est possible de ne travailler que trois ou quatre jours par semaine et de gagner entre 50 000 et 600 000 dollars par an, étant donné le fort potentiel de revenus.

La peinture de maisons est l'une des rares activités à l'abri de la récession qui peut mettre la sécurité financière à la portée de nombreuses personnes. Il n'y a pas d'exigences scolaires formelles, et seules des compétences fondamentales en peinture et en affaires sont requises pour réussir. (La plupart d'entre elles peuvent être acquises grâce à un cours à domicile approprié sur le développement d'une entreprise de peinture).

En général, un peintre à domicile a besoin d'un travail physique relativement minime, qui peut être effectué par des hommes, des femmes et des personnes de tout âge. La peinture peut être employée comme une source de revenu à temps plein ou à temps partiel.

En plus de la possibilité de gagner rapidement un revenu professionnel, le fait de posséder une entreprise de peinture procure la satisfaction et la fierté que procure le fait d'être indépendant et autonome. Sans parler de la joie instantanée que vous ressentez chaque fois que vous terminez un travail, que vous ajoutez un autre client ravi à votre liste et que vous déposez un gros chèque sur votre compte bancaire qui ne cesse de grossir. C'est un travail agréable !

Passez un peu de temps à vous renseigner auprès de sources fiables sur la promotion de votre entreprise de peinture, les appels d'offres et l'estimation des projets de peinture, ou ce que j'appelle le " côté affaires " de l'entreprise de peinture.

Les nouveaux propriétaires d'entreprises de peinture me demandent régulièrement : " Quels types de travaux dois-je rechercher ? ". Il s'agit d'une question liée au marketing. Ma réponse est toujours la même. Commencez par rechercher des projets de peinture à domicile. Ils sont abondants et les tâches les plus simples à peindre, offrant d'énormes marges de profit et peu de frais généraux.

Le marché de la remise en peinture résidentielle est inépuisable ; il y a suffisamment de travail dans cette section de l'industrie de la peinture pour que les peintres soient occupés et rentables toute leur vie.

Un autre avantage étonnant qui rend la création d'une entreprise de peinture attrayante est que vous n'avez pas besoin d'un investissement initial important. L'un des mythes les plus répandus concernant l'expansion d'une entreprise de peinture lucrative est que vous devez investir des milliers de dollars en publicité pour obtenir des clients.

Vous pouvez bâtir une entreprise de peinture florissante en vous basant uniquement sur des recommandations, sans pratiquement aucune promotion traditionnelle. Ce n'est pas vrai, surtout si vous vous concentrez sur les retouches résidentielles. Même une personne qui part de zéro peut lancer son entreprise de peinture et générer des revenus en sept jours ou moins, avec un budget aussi bas que 250 $, en suivant quelques procédures simples.

Ce ne sont là que quelques-unes des raisons pour lesquelles la création d'une entreprise de peinture suscite l'intérêt de tant de personnes et pourquoi elle se classe systématiquement parmi les meilleures petites entreprises à lancer.

Si vous avez un pinceau et un week-end de libre, vous pouvez lancer un service de peinture de maison pour les personnes âgées ou les agents immobiliers qui souhaitent donner un coup de neuf aux maisons de leurs clients avant de les vendre. On ne se rend jamais compte de l'autorité que l'on peut acquérir en repeignant simplement une pièce.

Il s'agit d'une entreprise simple mais efficace que vous pouvez lancer en affichant des prospectus dans votre quartier ou en contactant des agents immobiliers dont les coordonnées peuvent être publiées à côté de leurs propriétés à vendre s'ils ont besoin de peintres pour embellir leur propriété avant de la présenter à des acheteurs potentiels.

7. Services de promenades pour chiens.

Une entreprise de promenade de chiens peut être un moyen agréable et lucratif de gagner de l'argent à domicile. Un promeneur de chiens professionnel promène régulièrement les chiens de ses clients, seuls ou en groupe. Il existe une demande croissante pour ces services car de nombreuses familles ont un emploi du temps chargé et ne peuvent pas faire faire de l'exercice à leur chien parce qu'elles sont absentes toute la journée. L'exercice est essentiel au bon entretien des animaux de compagnie, et de nombreux propriétaires d'animaux de compagnie font appel à des promeneurs de chiens pour les aider.

La création d'une entreprise de promenades de chiens présente de nombreux avantages. Une affection sincère pour les chiens et l'endurance physique nécessaire pour les promener sont les seules aptitudes requises. Il est essentiel que vous vous engagiez à promener votre chien et que vous soyez fiable. Vous pouvez trouver beaucoup d'informations sur les soins et le comportement des chiens dans des livres ou sur des sites Web connexes disponibles dans votre bibliothèque locale.

Vos frais de démarrage sont modestes. Vous devrez peut-être acquérir de nombreuses laisses, des ramasse-ordures et des sacs de qualité. Il est généralement recommandé de souscrire une assurance responsabilité civile. De plus, vous pouvez préserver votre santé et votre forme physique tout en gagnant de l'argent ! Avec un service de promenade de chiens, vos coûts d'exploitation seront faibles, et le potentiel de profit est élevé.

Avant de démarrer cette activité à domicile, vous devez régler quelques détails. Vous devez planifier vos itinéraires et vos promenades quotidiennes. Déterminez les meilleurs endroits pour promener les chiens et établissez des itinéraires de trente minutes. Vous devez établir vos tarifs. Renseignez-vous sur les tarifs pratiqués par les autres entreprises de promenades de chiens dans votre région.

Choisissez le type de promenades de chiens que vous allez proposer, comme des promenades privées ou en groupe, le nombre de promenades par semaine, etc. Si vous débutez, vous pouvez acquérir une expérience pertinente en promenant bénévolement des chiens dans des refuges locaux pour animaux et des organisations de sauvetage de chiens. Cela vous permettra d'acquérir de l'expérience dans le traitement d'une variété de chiens et vous donnera la confiance et la crédibilité nécessaires pour obtenir des emplois de promeneur de chiens rémunérés.

Trouver des emplois de promeneur de chiens avec un petit budget de marketing et de publicité est possible. Concevoir et imprimer des prospectus accrocheurs et informatifs est une méthode rentable pour faire la publicité de vos services pour animaux de compagnie. Distribuez ces prospectus dans votre communauté pour attirer de nouveaux clients.

Posez des affiches dans les immeubles de bureaux et les communautés de retraités pour atteindre les professionnels occupés et les personnes âgées qui sont susceptibles d'engager un promeneur de chiens. Les propriétaires d'animaux en vacances ont souvent besoin des services d'un promeneur de chiens. Affichez vos prospectus sur les tableaux d'affichage communautaires.

Les cabinets vétérinaires, les services de toilettage pour animaux et les magasins de fournitures pour animaux sont d'autres endroits utiles pour afficher des prospectus. Si vous fournissez un service excellent et fiable, vous serez étonné par le nombre de références que vous recevrez après avoir obtenu vos premiers clients.

C'est un endroit idéal pour travailler si vous aimez les chiens et si vous êtes ponctuel. Vous pouvez commencer par poser des affiches sur le tableau d'affichage de la communauté ou demander à vos voisins et amis de vous recommander. Par exemple, si vous promenez un chien pour x dollars, vous pouvez demander aux propriétaires s'ils vous autorisent à promener leur autre chien en même temps.

Vous pouvez rapidement doubler vos revenus de cette manière. Vous pouvez ajouter des sources de revenus supplémentaires à cette activité en obtenant des recommandations pour des services de soins aux animaux ou en écrivant des articles pour des magazines destinés aux propriétaires d'animaux pour un prix symbolique.

La première étape d'une entreprise prospère est de passer à l'action et de se lancer. Nous vous avons donné cinq idées ce week-end pour stimuler votre intérêt et vous faire advancer.

8. Commerce des distributeurs automatiques.

Ah ! Le commerce des distributeurs automatiques ! Qu'est-ce qui attire les individus vers ce secteur ? Il est certain qu'il y a de l'argent à gagner, et le fait qu'il s'agisse d'un commerce uniquement en espèces le rend beaucoup plus attrayant. J'entends par là qu'aucune facture ne sera envoyée aux entreprises. Il suffit de remplir les machines et de retirer l'argent liquide !

Il y a quelques considérations à faire avant de plonger dedans, même si cela semble et est, en fait, fantastique. Une chose à retenir est qu'il s'agit d'une activité qui nécessite des efforts et des compétences.

Le travail et l'expertise vont de pair. Il est simple de remplir une machine à soda. Après avoir fait quelque chose plusieurs fois, cela devient simple, mais qu'en est-il de l'identification des endroits où placer votre distributeur automatique ?

Voilà l'aspect du savoir-faire auquel je faisais référence ! Il faut de la patience et de la persévérance pour repérer les lieux et conclure la vente. Il y a une procédure qui se déroule entre le moment où vous rencontrez ou contactez votre prospect et le moment où vous installez vos machines.

Cette transformation ne se fait pas du jour au lendemain ! Elle peut prendre une semaine ou plusieurs mois. Cela dépend surtout du délai dans lequel vos prospects ont l'intention de déployer vos distributeurs automatiques.

Mais si vous vous attachez à votre prospect comme à de la colle, si vous continuez à le suivre et si vous vous assurez qu'il dispose des informations dont il a besoin, vous conclurez plus de ventes que vous ne pouvez l'imaginer!

Pouvez-vous trouver une solution à leur dilemme?

Pouvez-vous faire quelque chose de différent de tout le monde ? Avant d'acheter un distributeur automatique, effectuez des recherches essentielles. Vous éviterez ainsi de nombreux maux de tête en cours de route.

Cette activité peut vous aider à devenir indépendant si vous démarrez correctement. Lisez donc tout ce que vous pouvez et effectuez autant de recherches que possible avant de vous lancer tête baissée !

Certaines personnes ont été victimes d'escrocs qui souhaitent vous proposer des machines trop chères et vous prendre votre argent durement gagné. Ne vous laissez pas berner !

Trouvez un distributeur de distributeurs automatiques digne de confiance dans votre région et achetez auprès de lui avant d'acheter des unités lors d'un séminaire. Commencez par construire une machine à la fois et apprenez au fur et à mesure.

Si vous n'achetez pas un circuit de distribution automatique établi, le développement de votre activité prendra un certain temps.

Et si je vous disais que si vous persistez et vous consacrez à développer votre activité de distributeur automatique, un appareil à la fois, vous pourriez gagner plus que votre emploi à plein temps ?

Permettez-moi de vous raconter une petite histoire.

J'étais employé à plein temps comme chauffeur de bus urbain lorsque je suis entré dans ce secteur. Alors qu'il était en transition vers un nouveau domaine de travail, un de mes collègues m'a demandé de prendre la responsabilité de recharger la machine à soda du bureau.

J'ai immédiatement remarqué que je gagnais 75 à 100 dollars par semaine en vendant régulièrement quelques caisses de soda. Cela a piqué ma curiosité ! J'ai donc contacté un distributeur de distributeurs automatiques qui pouvait me vendre des machines.

C'est là que tout a commencé pour moi lorsque j'ai commencé à travailler à temps partiel. Je suis allé de commerce en commerce, frappant aux portes et demandant la permission d'installer une machine à soda.

Comme nous avons déjà des machines, je dois admettre que j'ai reçu quelques réponses négatives. Cependant, et c'est un grand mais, quelques personnes ont répondu oui ! Ainsi, en passant d'un endroit à l'autre, j'ai progressivement développé mon activité, une machine à la fois.

Le bruit s'est répandu que j'étais en affaires et j'ai commencé à recevoir des références en cours de route. Puis j'ai commencé à faire passer mon entreprise au niveau supérieur en réinvestissant mes bénéfices et en faisant de la publicité auprès de ma clientèle cible.

C'est alors que les choses ont commencé à prendre forme ! Lorsque vous pouvez faire du marketing auprès de vos prospects, afin qu'ils vous contactent en premier, vous concluez plus de transactions, obtenez plus de contrats et gagnez plus d'argent.

Alors, comment ai-je accompli cela ?

Grâce à un travail acharné, à la persévérance et à un état d'esprit "je n'abandonnerai pas", j'y suis parvenu. Je vous dirai qu'étudier et enquêter sur cette entreprise au préalable m'a aidé à réussir.

9. eBay et Craigslist.

Au départ, eBay et Craigslist étaient d'excellentes ressources pour obtenir un revenu instantané. Plus de trois millions de personnes font d'eBay leur principale source de revenus et leur principal fournisseur de marchandises. Certaines personnes gagnent de l'argent supplémentaire en achetant des objets sur ces sites Web et en les revendant à un prix plus élevé. Pourquoi ne pas étudier cette option ?

Un site Web est aussi un distributeur automatique de billets ! En janvier, je considérais cette entreprise comme "hors de ma portée". J'avais tout faux ! N'importe qui peut créer un site Web et commencer à gagner de l'argent en quelques heures ! Ce concept ne devrait pas vous intimider. Il est facile de construire votre site Web.

Enfin, si vous n'aimez pas développer votre site Web, de nombreuses personnes sont prêtes à vous payer pour commercialiser le leur ! Si vous ne le savez pas, utilisez n'importe quel moteur de recherche pour chercher "marketing d'affiliation" afin d'en savoir plus. Cette activité peut rapporter jusqu'à mille dollars par semaine, sans frais de démarrage. Le secret consiste à découvrir un programme qui paie en fonction d'un pourcentage des ventes.

Il existe des programmes peu rémunérateurs mais aussi des programmes qui paient plusieurs centaines de dollars pour chaque vente. Avant de vous inscrire à un programme d'affiliation, il vous suffit d'examiner la structure de rémunération et de déterminer s'il vaut la peine d'en faire la promotion. Cela vous donnera l'occasion de créer l'entreprise à haut rendement que vous désirez. Passez une journée à étudier cette possibilité.

10. L'échange rencontre le marketing.

Des marchés aux puces et des bourses d'échange sont régulièrement organisés dans des villes de toutes tailles à travers le pays, et chacun d'entre eux attire des centaines, voire des milliers, de chasseurs de bonnes affaires.

Ils peuvent se tenir dans le cinéma en plein air local, dans d'immenses parkings, des entrepôts, des parcs ou des centres communautaires - partout où il y a suffisamment d'espace pour installer des stands et attirer un public.

La plupart du temps, ces concours ont lieu le week-end, bien que dans d'autres régions, ils puissent commencer le jeudi et durer quatre jours. Les bourses d'échange et les marchés aux puces sont divertissants, lucratifs et constituent un excellent moyen de créer une entreprise. De nombreuses personnes qui ont commencé par vendre des articles dans des bourses d'échange ont ensuite créé des boutiques de cadeaux ou des entreprises de vente par correspondance de grande envergure.

Selon l'équipe de coaching d'affaires de FAR HORIZONS, il existe trois variétés uniques de bourses d'échange.

Note : (Par souci de simplicité, à partir de maintenant, lorsque nous faisons référence aux "bourses d'échange", nous faisons également référence aux marchés aux puces, aux foires artisanales et aux événements similaires, comme expliqué ci-dessous).

1. Rencontres d'échange en plein air.

En termes de marchandises, elles sont généralement diverses. On peut y trouver de tout, des chaînes stéréo haut de gamme aux bijoux de marque, en passant par les familles qui débarrassent le garage de tante Emma de ses vieux outils, jouets et autres pièces détachées. En général, ces événements attirent des personnes à la recherche de remises et d'offres substantielles.

2. Centres commerciaux intérieurs.

Ces salons attirent généralement des spécialistes du marketing plus expérimentés. Les expositions ont tendance à être plus ordonnées et la qualité de la marchandise est souvent plus élevée pendant toute la durée de l'événement. Il peut y avoir des stands au lieu de tables, et chaque spécialiste du marketing préfère se spécialiser dans des domaines de produits particuliers.

3. Salons d'artisanat.

Ils peuvent se tenir à l'intérieur ou à l'extérieur, dans le cadre d'un carnaval local ou dans des parcs, des événements de collecte de fonds, des foires de comté ou d'autres événements de nature similaire. En général, les vendeurs exposent leurs articles dans des stands et selon la région. Les options peuvent aller du fait maison au plus cher (ou du fait maison au plus cher).

N'oubliez pas cela lorsque vous préparez vos affaires pour le swap meeting.

Au fil des ans, des dizaines de vendeurs de Swap Meet qui ont réussi nous ont dit que les deux choses les plus essentielles que vous pouvez apporter avec vous sont les suivantes:

1. Une disposition optimiste.

2. Une disposition à négocier et à "jouer le jeu."

Un membre commente : "Les gens viennent aux Swap Meets en espérant faire une affaire et y vont parce que c'est agréable. Je garde donc une attitude positive et je suis toujours prêt à négocier.

J'ai un prix de base en tête et je ne descends jamais en dessous, mais je suis toujours prêt à négocier un peu sur le montant initial demandé. Ainsi, mon acheteur est satisfait de son achat et je conserve une bonne marge bénéficiaire. Nous sommes tous deux gagnants".

Quel que soit le type de Swap Meet que vous choisissez d'organiser au départ. Vous devez effectuer quelques étapes simples et fondamentales avant, pendant et après l'événement.

Commençons par. C'est le début!

VOICI QUELQUES CHOSES À FAIRE AVANT DE COMMENCER.

1. Si vous ne le savez pas encore, cherchez à savoir où se trouvent les bourses d'échange locales. Cela ne devrait pas être trop difficile, car ils font de la publicité dans les journaux locaux et les publications gratuites dans les rayons des magasins de proximité. Les petites rencontres ne font pas forcément de publicité, mais vous devriez pouvoir les trouver en contactant les drive-in du coin ou en fouillant dans l'annuaire téléphonique.

2. Ensuite, partez en reconnaissance de la compétition. Observez les tables et les stands du point de vue d'un spécialiste du marketing. Que proposent les marchands ? Et surtout, que n'ont-ils pas ? Quels sont leurs prix ?

3. Réservez une table (ou un stand, selon le cas). Contactez le responsable de la rencontre ; il vous fournira des informations sur les prix et une liste des règles et restrictions auxquelles vous devez vous conformer lorsque vous faites du marketing à la rencontre.

Selon la rencontre, le coût de la location d'un espace dans un Swap Meet varie de quelques dollars par jour à beaucoup plus. Essayez de commencer par un salon peu coûteux et bien fréquenté afin de minimiser votre dépense initiale.

4. Sélectionnez les articles que vous souhaitez vendre. L'équipe de coaching d'affaires de FAR HORIZONS suggère généralement de commencer avec 450 à 750 $ de marchandises (c'est-à-dire votre coût réel).

5. Préparez vos autres fournitures.

Vous pouvez avoir besoin d'apporter tout ou partie des éléments suivants, en fonction de l'événement:

1. Au minimum une table pliante.

2. Une caisse contenant des dollars et de la monnaie.

3. Des chaises pliantes

4. Une nappe impeccable.

5. Un énorme parapluie, une bâche ou toute autre protection solaire pour vos clients (et vous-même).

6. Du plastique transparent pour protéger vos articles des précipitations (évidemment, ceci s'applique aux rencontres en plein air).

7. Une liste de prix jaune pour que vous puissiez déterminer le prix de base lorsque vient le temps de négocier.

8. De nombreuses cartes de visite.

9. Des catalogues, des brochures, des dépliants sur les nouveaux arrivages ou d'autres documents promotionnels pour aider à augmenter les ventes.

10. Un carnet de commandes des clients qui vous permet de rédiger des reçus et d'enregistrer les noms, adresses et numéros de téléphone des clients.

11. Une calculatrice.

12. Un tampon en caoutchouc pour endosser les chèques.

IMPORTANT.

Faites tout votre possible pour recueillir le maximum d'informations sur chaque consommateur. En plus du nom, de l'adresse et du numéro de téléphone, essayez d'obtenir l'adresse électronique du client, son numéro de fax et les informations relatives à sa carte de crédit, à condition que vous disposiez d'un compte marchand.

LE GRAND JOUR ARRIVE.

Si vous êtes bien préparé, le jour du concours devrait se dérouler plutôt bien. Bien sûr, vous aurez beaucoup de travail, mais vous vous amuserez aussi, surtout lorsque vous commencerez à réaliser des ventes et à gagner de l'argent!

Voici ce que vous devez faire lors de votre premier jour dans un salon de l'artisanat:

1. Éteignez le réveil, réveillez-vous, prenez une douche et bougez (nous avons bien dit qu'il s'agissait d'une instruction étape par étape, n'est-ce pas ?)

2. Lorsque vous arrivez au rassemblement, trouvez votre place et installez-la. La vidéo de votre programme fournit des exemples d'installation correcte et incorrecte. Répétez votre installation à la maison pour planifier l'exposition la plus attrayante visuellement avant d'arriver à la convention.

3. Déterminez votre "ligne de fond" ou le prix le plus bas acceptable pour chaque article. Notre personnel de Business Coaching suggère de multiplier le prix par 1,5.

4. Préparez-vous à accepter les chèques. Vérifiez l'adresse et le numéro de téléphone actuels et, si possible, incluez un permis de conduire ou un numéro d'identification sur le chèque. De nombreux consommateurs préfèrent ce mode de paiement, et les

vendeurs signalent un nombre négligeable de chèques "sans provision".

5. Le nom, le numéro de téléphone, le numéro de fax et l'adresse électronique de chaque client (autant que possible) doivent être enregistrés.

6. Vous pouvez avoir besoin d'un partenaire pour vous aider à tenir la caisse pendant que vous vous occupez des ventes.

Il y a quelques tâches essentielles à accomplir après la fin d'un Swap Meet et avant le début du prochain.

1. Créez votre liste de diffusion en ajoutant tous les noms de consommateurs collectés à votre liste de diffusion. Ceux-ci deviendront au fil du temps un élément intégral de vos activités de marketing de suivi.

2. Planifiez/mettez en œuvre les envois - En fonction de la taille de votre liste, vous devrez commencer à envoyer des courriers de suivi à vos clients.

Ceci couvre les principes de base du Swap Meet Marketing, mais le plus important est de s'amuser. De nombreux vendeurs aiment faire participer leur famille (y compris leurs enfants) et passer un temps précieux à travailler à un objectif commun pendant les week-ends.

Le marketing des bourses d'échange est divertissant, gratifiant et peut être accompli avec seulement quelques heures d'effort par semaine. Une poignée de vendeurs allient l'utile à l'agréable en voyageant de Swap Meet en Swap Meet dans tout le pays. Ils utilisent les bénéfices de chaque week-end pour financer leur voyage et acheter d'autres produits pour la prochaine rencontre!

11. Babysitting.

En tant que mère, tout le monde a besoin d'une journée loin de ses enfants et des exigences de la vie quotidienne ; vous pouvez donc tirer parti du désir des autres mères de passer du temps seules. Ne croyez pas une seconde que vous êtes seule, car vous ne l'êtes pas. De nombreuses mères ne supportent pas leurs enfants ; si cela vous décrit, vous pouvez être exactement ce qu'elles recherchent.

Le baby-sitting dans un centre commercial peut être à la fois divertissant et lucratif. Parfois, les clients occupés se lassent de traîner leurs enfants de magasin en magasin. Et parfois, tout ce que les enfants désirent, c'est une brève sieste.

Si vous avez de l'expérience dans le baby-sitting ou si vous avez géré une garderie, vous pourriez vous amuser et gagner facilement de l'argent en vous occupant d'enfants pendant que leurs parents font leurs courses au centre commercial. Il vous suffit de vous adresser aux services du centre commercial ; il y a presque toujours des magasins vides, et le centre commercial dispose d'une excellente sécurité.

Le magasin peut facilement installer des moniteurs pour assurer la sécurité des enfants. Ils peuvent également prendre des dispositions pour qu'un agent de sécurité soit présent pour vous. Ils seront ravis de pouvoir persuader les parents de faire des achats, et vous passerez un bon moment et gagnerez facilement de l'argent en surveillant les enfants.

Les enfants en ont assez d'être emmenés au magasin, ils ont faim et sont irritables. Un endroit sûr et sécurisé où les parents pourraient laisser leurs enfants pendant qu'ils font les courses serait un merveilleux réconfort.

Produisez une copie. Lorsque les parents déposent leur enfant, faites une copie de leur permis de conduire, et lorsqu'ils reviennent chercher leur enfant, demandez-leur de présenter l'original. Cela vous protégera, vous et le centre commercial.

Si le centre commercial installe des caméras dans le magasin, personne ne pourra vous accuser de méfait. Les enfants ont un agréable répit. Et vous gagnez de l'argent tout en vous amusant.

Essayez ce que j'ai fait si vous avez besoin d'argent immédiatement ou dans l'heure. Je gagne plus d'argent aujourd'hui que dans ma précédente entreprise, et vous le pouvez aussi, si vous cliquez sur le lien ci-dessous et lisez l'incroyable histoire vraie. J'ai été méfiant pendant seulement dix secondes après mon adhésion avant de savoir ce que c'était. Vous serez aussi rayonnant d'une oreille à l'autre, comme je l'ai été.

12. Vendre le souper.

Cela peut nécessiter une autorisation, mais ce n'est pas un problème. Chaque mère sait que le week-end est son temps libre pour cuisiner ; vous devez donc préparer et livrer des repas aux familles que vous avez choisies.

Lors d'un week-end normal, vous pouvez gagner plusieurs centaines de dollars de bénéfices, et le plus important, c'est que vous n'avez jamais dû quitter votre domicile, sauf pour la partie livraison.

13. Enquête rémunérée.

Un travail de week-end en ligne peut vous permettre de gagner 200 dollars ou plus sans jamais quitter votre domicile. L'aspect le plus agréable est qu'il n'y a pas de procédure d'entretien ou de conneries de ce genre. Vous travaillez simplement autant que vous le souhaitez, et l'argent que vous gagnez est transféré sur votre compte dès que le travail est terminé.

De nombreuses personnes qui ont découvert qu'elles appréciaient l'argent supplémentaire que leur procurait un travail de week-end en ligne découvrent maintenant qu'elles gagnent plus que dans leur emploi habituel. Avec seulement quelques heures le week-end, il est possible de gagner 250 $ ou plus. Si vous faites cela régulièrement les samedis et dimanches, vous aurez 2 000 $ de plus à la fin du mois pour payer vos factures ou vous faire plaisir.

Cependant, vous devez vous méfier des entreprises qui tentent de vous persuader de payer pour gagner de l'argent. Ne vous laissez pas berner par cela. Les sites légitimes d'emplois du week-end ne demandent pas de frais. Ils doivent vous rémunérer.

Les sites d'enquêtes rémunérées font partie des sites d'emplois du week-end en ligne les plus flexibles et les plus populaires. De nombreuses entreprises et industries tentent toujours d'obtenir un retour d'information de la part de leurs clients, mais il est trop coûteux de mener des études de marché approfondies. C'est pourquoi elles paient des personnes de 5 à 50 dollars pour réaliser une enquête sur Internet.

Comme il ne faut que 5 à 15 minutes pour répondre à un sondage, il est facile de répondre à un grand nombre de sondages en une seule journée, ce qui explique pourquoi les gens peuvent gagner plus de 250 $ par jour simplement en donnant leur avis.

Il suffit de s'inscrire sur un site d'enquêtes gratuites et rémunérées, de rechercher dans la base de données les enquêtes les mieux rémunérées et de remplir le formulaire. Une fois que vous aurez cliqué sur le bouton "Envoyer", vos gains seront immédiatement transférés sur votre compte bancaire ou votre compte PayPal.

14. Vendre de l'espace publicitaire sur votre blog.

Si vous avez un site web ou un blog, vous pouvez gagner de l'argent en vendant des espaces publicitaires sur ce site. Ce week-end, vous pouvez demander à de nombreux réseaux de publicité sur Internet de placer leurs annonces sur votre site.

Google AdSense est l'un des réseaux publicitaires les plus connus. Après avoir soumis une demande et fait approuver votre site Web, vous recevrez un code à copier et à coller pour afficher des publicités au contenu pertinent.

Vous gagnerez de l'argent lorsqu'un visiteur cliquera sur une publicité. Parmi les autres réseaux publicitaires auxquels vous pouvez vous inscrire figurent Chitika et TextLinkAds. Il suffit d'effectuer une recherche sur Google pour trouver d'autres réseaux publicitaires.

En outre, si vous distribuez déjà régulièrement une newsletter à vos lecteurs, vous pouvez réaliser d'autres revenus en vendant des parrainages ou des espaces publicitaires sur vos newsletters. Par exemple, si vos lettres d'information portent sur le dressage des chiens, vous pouvez demander à une animalerie locale ou en ligne de vous parrainer en échange d'une publicité dans votre lettre d'information.

15. *Marketing d'affiliation.*

Vous êtes-vous déjà demandé comment gagner de l'argent rapidement grâce au marketing d'affiliation ? C'est aujourd'hui que cette question se pose. Dans cet essai, je vais définir le marketing d'affiliation et expliquer comment en tirer le maximum d'argent.

Après avoir appris mes stratégies secrètes et compris comment gagner de l'argent avec le marketing d'affiliation, je peux vous garantir que vous ne chercherez plus jamais un emploi régulier. Car être affilié est tellement avantageux, et vous pouvez choisir quand travailler et quand prendre des jours de congé.

Imaginez que vous travaillez quatre heures par jour, comme moi, en utilisant un ordinateur et une connexion Internet. Vous pouvez travailler depuis n'importe quel endroit de la planète!

Comment fonctionne ce programme d'affiliation?

En tant qu'affilié, vous êtes essentiellement le propriétaire de l'entreprise, mais vous n'êtes pas tenu de développer, stocker ou expédier des produits. La société qui fournit le programme d'affiliation s'occupe de tout le reste. Vous n'avez même pas à vous préoccuper du service clientèle, car tout réseau solide en dispose déjà.

Par conséquent, votre seule responsabilité est d'attirer des visiteurs ciblés vers les offres d'affiliation. Si vous vous êtes déjà essayé au marketing sur Internet, vous trouverez cela assez simple. Ce n'est pas particulièrement difficile.

Vous pouvez effectuer cette action si vous avez déjà recommandé quelque chose à un ami, peut-être un restaurant ou un film à voir. La seule différence est que vous serez rémunéré pour chaque référence que vous ferez..

Quelques étapes simples sont nécessaires pour gagner de l'argent en tant qu'affilié:

Vous devez d'abord choisir le produit que vous souhaitez promouvoir. Ensuite, vous devez élaborer une offre. Commencez par des outils de publication Web gratuits tels que Squidoo ou Blogger. Ils sont extrêmement conviviaux et se classent très bien dans les moteurs de recherche.

Une fois que vous avez terminé, vous pouvez commencer à promouvoir votre page Squidoo en utilisant le marketing d'articles, le marketing vidéo, le bookmarking social et d'autres techniques.

Une fois ces stratégies de promotion lancées en ligne, vous pouvez vous attendre à un certain trafic vers vos sites d'offres gratuites. Le moment est venu de vous détendre et de laisser Internet gagner de l'argent pour vous.

Je crois qu'il n'y a rien de plus simple à apprendre que de générer des revenus avec le marketing d'affiliation. Vous n'avez donc rien à perdre en vous lançant dans cette aventure.

De nombreuses grandes organisations sont prêtes à signer des chèques substantiels aux personnes qui font la promotion de leurs produits ou services. Si vous avez déjà utilisé ou acheté des articles ou des services sur Internet et que vous pouvez témoigner de leur qualité, vous pouvez gagner un revenu substantiel en ligne.

Vous êtes rémunéré lorsque les internautes cliquent sur vos liens et effectuent un achat. L'auteur Rosalind Gardner est l'un des spécialistes du marketing d'affiliation qui a réussi à se reconvertir dans le commerce en ligne à plein temps. Son livre, "Make a Fortune Promoting Other People's Stuff Online", s'intitule "Make Huge Income Promoting Other People's Stuff Online". Elle gagne régulièrement un revenu à six chiffres en ligne depuis son domicile.

16. Commissaire-priseur en ligne.

Vous pouvez mettre aux enchères des articles que vous avez fabriqués vous-même, comme des bougies de Noël ou des savons faits maison. D'autres articles que vous pouvez revendre en ligne avec un bénéfice comprennent des éléments peu coûteux pour ajouter de la valeur. Par exemple, si vous avez trouvé du papier d'origami bon marché, vous pouvez inclure un livre électronique sur les modèles d'origami et vendre aux enchères le papier et le livre électronique sur des sites comme eBay.

Si vous avez du succès en tant que commissaire-priseur, vous pouvez fonctionner comme une "assistance commerciale" pour d'autres personnes qui souhaitent vendre leurs sites. De cette manière, vous pouvez gagner d'autres revenus en ligne en plus de vos gains aux enchères.

Le lancement d'une activité de week-end n'interfère pas avec le mode de vie de la plupart des personnes et peut conduire à des revenus plus importants à l'avenir. En plus d'augmenter vos revenus, vous pouvez acquérir des compétences commerciales essentielles en créant une entreprise le week-end.

17. Freelancing.

Les entreprises de tous types ont besoin de rédacteurs, mais préfèrent souvent externaliser le travail plutôt que de payer les coûts élevés associés à l'embauche d'un personnel à temps plein. L'Internet est une excellente ressource pour trouver ce type de travail.

Ce qui est amusant, c'est que vous n'avez pas besoin d'être un rédacteur chevronné. Si vous êtes capable d'écrire des phrases cohérentes et de faire quelques recherches, vous pouvez souvent mener à bien un projet de rédaction en freelance sans difficulté si vous possédez ces compétences. Vous avez une certaine expérience de l'écriture ou de l'humour ? C'est encore mieux.

Quel que soit votre niveau de compétence, des possibilités d'emploi en fin de semaine sont disponibles. Effectuez une recherche en ligne pour "freelance writing jobs".

18. Recevez de l'argent pour vos appareils électroniques.

Débarrassez-vous de tous vos téléphones portables, appareils photo numériques, ordinateurs portables, lecteurs MP3, films et caméscopes périmés. Ils sont recherchés par une entreprise nommée Gazelle, qui va même payer l'expédition.

J'ai découvert un fait étonnant sur leur site web : ils paient leurs clients en moyenne 115 $. Il s'agit d'une merveilleuse prime de fin de semaine en espèces pour le temps qu'il faut pour trouver et emballer vos effets personnels.

19. Travailler dans le domaine de l'esthétique automobile.

L'esthétique automobile peut être le travail de fin de semaine idéal si vous voulez gagner de l'argent le week-end et si vous aimez travailler sur des automobiles.

Le lancement d'une entreprise de réparation automobile peut être relativement abordable, mais aussi lucratif. Vous pouvez avoir un emploi secondaire fiable et constant avec seulement quelques clients qui paient fréquemment. Si vous aimez travailler sur les automobiles, vous ne pouvez même pas considérer cette activité comme un "travail".

Vous devriez vous renseigner sur le sujet si vous n'êtes pas familier avec le travail détaillé. Rendez-vous à la librairie ou à la bibliothèque de votre quartier et consultez des manuels d'esthétique automobile ou inscrivez-vous à un cours - vous pouvez rechercher en ligne des collèges et des universités.

20. Sculpture de gâteaux.

Lancer votre entreprise de décoration de gâteaux peut être très amusant si vous savez cuisiner et si vous êtes créatif. Si vous avez un flair créatif, vous attirerez des clients qui veulent vos gâteaux uniques (qu'ils ne peuvent obtenir nulle part ailleurs). Les gens ont tendance à dépenser plus d'argent pour les autres que pour eux-mêmes, et les choses distinctives qui plaisent à beaucoup de gens rapportent généralement plus.

21. Photographie d'animaux.

La photographie est une industrie lucrative, et la photographie d'animaux de compagnie est une spécialité spécialisée qui élimine une grande partie de la concurrence. Si vous avez quelques compétences en matière d'appareil photo et un peu d'imagination, vous pouvez être étonné par le succès de ce "concept de petite entreprise". J'ai récemment lu un article sur un photographe de "niche" à succès qui photographiait exclusivement des nourrissons endormis.

Créez un site Web simple et téléchargez des exemples de votre travail de "photographie d'animaux de compagnie" afin que les clients potentiels puissent voir ce que vous faites. N'oubliez pas que les propriétaires d'animaux de compagnie adorent leurs animaux ; avoir un cliché d'un animal avec son propriétaire est merveilleux. Vous pouvez créer un cadeau d'anniversaire unique, des cartes de Noël et même un calendrier de photos d'animaux.

22. Des choses faites sur mesure.

Il existe des magasins sur Internet où vous pouvez proposer des objets personnalisés. Ils fournissent les produits, tandis que vous fournissez le design. Vous n'êtes pas obligé d'acheter des produits à l'avance ou de payer pour un site web.

Les clients se rendent sur ces sites web (tels que Cafe Press) pour acheter des produits. Lorsqu'un acheteur commande un produit portant votre design, la société distribue les marchandises au client et vous donne un pourcentage des bénéfices.

Veillez à ce que votre travail du week-end ne devienne pas trop lucratif. Vous pouvez avoir besoin de quitter votre emploi et de démarrer une entreprise en faisant ce que vous aimez.

23. Tutorat.

Avec le climat économique actuel, de nombreuses personnes ont du mal à joindre les deux bouts. Pour s'offrir les biens dont nous avons besoin, beaucoup d'entre nous doivent acquérir un deuxième emploi ou un travail de week-end, même s'ils ont un emploi. Il existe des emplois simples à temps partiel le week-end que tout le monde peut exercer. Cette page présente quelques possibilités d'emploi accessibles.

La collecte de fonds pour une organisation à but non lucratif est un emploi à temps partiel intéressant et bien rémunéré. Les personnes ayant de solides compétences en communication et en marketing peuvent commencer à travailler comme collecteurs de fonds à temps partiel. Vous pouvez gagner de l'argent tout en aidant les personnes dans le besoin. L'objectif principal est de solliciter des contributions caritatives auprès des particuliers.

Une entreprise de tutorat est une autre excellente option pour gagner de l'argent supplémentaire. Cet emploi à temps partiel est avantageux dans la mesure où il est facile d'obtenir des clients. Vous pouvez approcher l'école locale ou demander aux parents s'ils accepteraient que leur enfant reçoive des cours particuliers dans une certaine matière.

Au bout d'un certain temps, vous obtiendrez d'autres consommateurs, car les parents et les enfants n'informeront pas d'autres personnes dans le besoin de votre service. Par conséquent, vous n'aurez pas besoin de faire de la publicité si vous êtes performant.

Il n'est pas nécessaire de quitter la maison. Les activités en ligne pour lesquelles vous êtes rémunéré constituent une autre excellente option pour gagner de l'argent le week-end. L'une des plus populaires dans ce domaine est celle des enquêtes rémunérées.

Après vous être inscrit, vous pouvez vous connecter au site d'enquête pour répondre aux sondages. Cette tâche simple, que vous pouvez effectuer le soir après votre travail de 9 à 5, vous permet de gagner plus d'argent. Vous pouvez gagner beaucoup d'argent supplémentaire chaque mois, en fonction de votre temps d'investissement..

24. Détaillage de véhicules.

Ce type de travail est probablement le plus facile et le plus flexible pour vous. Il s'agit d'un travail dont la rémunération est suffisante pour gagner environ 250 dollars par voiture (environ 4 heures).

Vous commencez par placer des dépliants sous les essuie-glaces d'automobiles sales mais considérées comme chères. De plus, si vous avez besoin d'une nouvelle brosse, d'un seau et de chiffons, vous pouvez émettre un capital pour moins de 50 $.

25. Préservation des propriétés commerciales.

Si vous aimez travailler à l'extérieur, cet emploi est idéal pour vous. De nombreuses grandes entreprises recherchent des employés ayant cette expérience. Le salaire pour ce poste est assez élevé. En plus d'une rémunération raisonnable, vous bénéficiez d'un exercice gratuit et d'air frais.

26. Sauveteur.

La plupart des emplois du week-end sont très mal payés. En général, les maîtres-nageurs sont rémunérés au taux d'un employé civil normal dans la ville où ils travaillent, ce qui est supérieur au salaire minimum. Imaginez à quel point votre physique sera fantastique ! Vous pouvez apprendre si vous ne savez pas nager.

Si vous avez toujours voulu devenir maître-nageur, décidez d'en faire votre source de revenus d'appoint si vous avez déjà un emploi. L'exercice sera fantastique, vous aurez un accès gratuit aux installations, et vous pourrez passer des heures à faire un travail utile et gratifiant. Si vous êtes étudiant, le salaire est excellent et cette référence sera un atout pour votre CV à l'avenir.

27. Machiniste pour un groupe de musique ou une troupe de théâtre.

De nombreux établissements proposent un tarif forfaitaire pour chaque engagement, quel que soit le nombre d'heures ou la durée du week-end. Cela peut ne pas plaire à un instructeur de 40 ans qui n'aime pas la musique rock, mais toute musique n'est pas rock.

Supposons que vous soyez un enfant et que vous réussissiez à devenir roadie pour un groupe de rock ; bravo à vous ! Certains orchestres symphoniques ont recours à des assistants à temps partiel pendant les week-ends où leurs titulaires sont en congé. Parfois, les compagnies théâtrales emploient des assistants avec la même echelle de salaires.

28. Créer une entreprise d'entretien de voitures.

La plupart des particuliers possèdent des automobiles. Utilisez leur atout en proposant de laver, aspirer et nettoyer l'ensemble du véhicule. Vous pouvez facturer davantage en combinant les services (lavage, aspirateur, nettoyage des vitres, etc.).

29. Participer à une collecte de bouteilles.

Prenez votre ramasseur et collectez les bouteilles indésirables de porte à porte. De nombreuses personnes recyclent ; cependant, beaucoup d'entre elles n'ont pas le temps de transporter leurs produits recyclables jusqu'au magasin de bouteilles. Proposez-leur de le faire à leur place et gardez les résultats pour vous. Cela peut représenter une somme d'argent substantielle en produits recyclables.

30. Hold a yard sale.

C'est l'occasion idéale de vendre les objets dont vous ne voulez plus et d'éliminer le désordre. Il suffit de placer une annonce dans le journal local, de distribuer des prospectus et d'organiser votre vide-grenier.

31. Le papier journal.

La livraison de journaux est un autre moyen viable de gagner de l'argent supplémentaire pendant le week-end. Vous pourriez gagner un peu d'argent en investissant plus de temps et d'énergie. Vous pouvez contacter votre distributeur de journaux local pour vous renseigner sur les possibilités de livraison le week-end.

32. Paysagiste temporaire.

Si vous avez un don pour l'aménagement paysager et le design et que vous pouvez rafraîchir les pelouses, un poste de paysagiste serait idéal pour vous. L'aménagement paysager comprend la plantation d'arbres et de fleurs, la pose de gazon et la conception de jardins.

33. Démarrer une petite entreprise.

Vous pouvez créer une petite entreprise qui fonctionne uniquement le week-end ou à temps partiel. L'entreprise peut aller de la production de pâtisseries pour des occasions spéciales au lavage de vitres. Les laveurs de vitres gagnent un salaire horaire. Pour lancer une entreprise de lavage de vitres, vous devez cibler les entreprises qui ont besoin de ce service le week-end, comme les restaurants et les maisons.

34. Utilisez votre savoir-faire.

Utilisez vos informations de manière efficace. Êtes-vous un professeur de mathématiques efficace ? Vous avez la possibilité de devenir un instructeur de mathématiques. Vous pouvez proposer vos services en tant que rédacteur ou tuteur si vous maîtrisez l'anglais. Mettez vos compétences à votre service.

En plus des possibilités énumérées ci-dessus, vous pouvez essayer quelque chose de créatif et de divertissant pour gagner de l'argent pendant les week-ends. Vous pouvez organiser des marchés aux puces à l'église ou dans la communauté locale ou aider à mettre en place des foires et des centres commerciaux intérieurs. De nombreux acheteurs participent à ces foires, et vous êtes certain de trouver des clients fidèles.

35. Location de vacances privée.

Les vacances de luxe à long terme sont accessibles aux personnes qui peuvent s'offrir des locations de vacances privées. En fonction de la durée de leur voyage, les locataires temporaires occupent généralement ces propriétés pendant une à deux semaines.

Les maisons sont entièrement meublées avec du mobilier standard, et les locations de vacances privées comprennent généralement des jacuzzis ou des piscines privés et des vues exceptionnelles. Si vous possédez des propriétés qui peuvent être converties en locations de vacances, vous devriez envisager de les louer à titre privé.

Tout d'abord, déterminez si vos propriétés répondent aux exigences en matière de location de vacances personnelles. Ces maisons doivent être positionnées stratégiquement près des centres commerciaux, des restaurants et des attractions touristiques.

La proximité de vos maisons avec des terrains de golf, des plages, des stations de ski ou des montagnes sera un avantage de vente supplémentaire.

Déterminez s'il existe un marché pour les vacances catégorisées avant de commencer le processus de rénovation. Vous aurez besoin d'une forte demande et d'une quantité limitée de maisons de vacances privées dans la zone entourant vos propriétés.

Obtenez les documents juridiques essentiels pour les maisons de vacances. Rénovez et meublez vos maisons pour les rendre aussi confortables que possible. Les maisons de vacances privées de luxe doivent comprendre un poêle, une cheminée et une piscine.

Incluez des images et une description détaillée de vos propriétés dans votre annonce. Incluez toutes les activités disponibles et les équipements publics dans la liste du quartier. Vous pouvez mettre votre liste sur des sites web gratuits en ligne, faire appel à des sociétés de location ou, si nécessaire, créer votre site web.

À ce niveau, un logiciel de location de vacances est utile car il vous aide à gérer les réservations et les propriétés. Vous pouvez gérer l'entreprise de manière indépendante ou engager une équipe qui vous aidera à gérer les comptes de location, à fournir des services d'entretien ménager, à effectuer la maintenance et à faire la publicité des locations de vacances privées. Vous pouvez également proposer des forfaits simples et gratuits pour attirer les voyageurs.

CHAPITRE 5: LES EMPLOIS PRÉFÉRÉS DES ÉTUDIANTS LE WEEK-END.

Pour se préparer à leur future carrière, les étudiants ne gaspillent plus leur temps libre à des jeux en ligne, à des discussions et à d'autres activités frivoles. Ils commencent à chercher des possibilités d'emploi le week-end pour augmenter leurs revenus. Les trois principales occupations de week-end qu'ils préfèrent sont mentionnées ci-dessous.

Tuteur.

Ce poste est idéal pour les étudiants. Il ne nécessite pas un haut niveau de dextérité manuelle. En révisant des informations antérieures, vous pourriez faire plus de revenus. Comparé à d'autres emplois, ce poste est confortable et bien rémunéré.

Non seulement il peut améliorer votre capacité d'expression et votre endurance, mais il peut aussi vous aider à consolider vos connaissances. Plus important encore, vos heures de travail sont presque les week-ends ou les heures périscolaires. Par conséquent, cela n'entravera jamais vos études.

Préposé ou serveur.

Il est courant de chercher un emploi à temps partiel dans les restaurants de restauration rapide tels que KFC et McDonald's. Ces établissements embauchent souvent du personnel temporaire pour les week-ends et les jours fériés. Ils embauchent souvent du personnel temporaire pour les week-ends et les jours fériés. En raison du salaire horaire et du travail en équipe, vous ne pouvez travailler que le week-end. Ce travail de week-end n'est pas particulièrement éprouvant, mais vous devez offrir un service courtois à la clientèle et être capable de gérer des situations inattendues.

Stage.

Les stages peuvent être bénéfiques pour la carrière future des étudiants. Les étudiants peuvent se proposer s'ils ont démontré des compétences dans leur matière principale. Cependant, il se peut que votre stage soit parfois non rémunéré. Vous serez rémunéré différemment selon les employeurs.

En définitive, votre atout le plus important sera votre expérience professionnelle et vos excellentes compétences pratiques et concrètes. Les entreprises, les supermarchés, les hôpitaux et les institutions publiques offrent généralement des possibilités de stage aux étudiants.

Que ferez-vous le week-end ? Rendre visite à des amis, faire du shopping, assister à une fête ou jouer à des jeux en ligne ? Toutes ces activités de week-end sont peut-être passées de mode. Vous pouvez rejoindre plusieurs personnes qui trouvent des emplois de week-end pour passer leurs week-ends.

CHAPITRE 6: GAGNER 1 000 $ EN UN SEUL WEEK-END.

Nous avons tous vu les gros titres sur la couverture des magazines à l'épicerie affirmant qu'il est facile de gagner des sommes d'argent scandaleuses en peu ou pas de temps. Et vous avez probablement visité d'autres sites Web dans votre quête pour gagner plus d'argent, des sites qui décrivent un manoir luxueux et des voitures de sport exotiques dans l'allée pour créer l'idée d'une richesse sans effort.

J'ai acheté les magazines, lu les articles et acheté un certain nombre de ces programmes en ligne. Ils semblent tous vous en dire juste assez pour respecter la lettre de la loi, mais ils ne vous disent jamais tout ce que vous devez savoir pour gagner la somme d'argent qu'ils prétendent que vous pouvez gagner, ce qui est extrêmement frustrant.

J'aimerais, pour une fois, que quelqu'un me dise "comment" le faire ! Clarifiez-le pour moi ! Simplifiez-le pour que je puisse le comprendre !

C'est donc ce que je vais faire. Je vais vous montrer comment il est possible de gagner 1000 $ en un seul week-end.

Alors, commençons.

Cela commence par la vente. Ne prétendez pas que vous ne pouvez pas vendre. Je suis convaincu que vous le pouvez. Vous vous vendez lorsque vous postulez à un emploi, n'est-ce pas ? Bien que ce chapitre traite de la vente, ce n'est pas le type de vente auquel vous pouvez vous attendre. Les gens reconnaîtront déjà qu'ils veulent et ont besoin de ce que vous vendez, vous n'aurez donc pas besoin de les convaincre de l'acheter. Il y a très peu de vente à faire.

Si vous pouvez aborder une personne inconnue et lui dire "Bonjour. Comment allez-vous ?", c'est bon.

Deuxièmement, il faut de l'argent pour en gagner. Il serait préférable que vous ayez quelque chose à vendre, car il y aura un investissement, mais l'investissement initial ne doit pas nécessairement être de plusieurs centaines de dollars. J'ai commencé avec à peine 200 $ (je reconnais que même 200 $ représentent de l'argent pour certaines personnes ; j'avais l'habitude de penser la même chose). Certaines personnes commencent avec beaucoup moins), mais il est difficile de gagner de l'argent sans le dépenser d'abord, n'est-ce pas ?

Troisièmement, je m'occupe exclusivement d'articles neufs. Je n'écume pas les friperies, je ne participe pas aux vide-greniers et aux brocantes à la recherche d'articles à revendre et je ne fouille pas dans les bennes à ordures.

Alors, que fais-je ? Je vends sur les marchés aux puces. Je fais cela depuis des décennies et j'ai réussi à gagner ma vie en travaillant seule le week-end. (Je plaisante avec mes copains en disant que mes week-ends durent cinq jours !)

Il n'y a rien de bien compliqué. J'achète des produits au prix de gros, et UPS me les livre. Je les apporte au marché aux puces le samedi matin et les expose sur mes tables de manière attrayante.

Lorsque les clients arrivent, je les accueille avec un agréable "Bonjour !" et j'entame une discussion comme si je les connaissais depuis des années. Je peux les complimenter sur la couleur de leurs vêtements ou quelque chose du genre. Tout le monde apprécie les compliments.

Ils s'approcheront de mes tables pour examiner mes produits lorsqu'ils observeront mon amabilité. Je suivrai leur regard aussi attentivement que possible pour déterminer leur intérêt et leur décrire les avantages de l'article - ce qu'il peut faire pour eux, comment il peut leur faciliter ou améliorer leur vie, etc.

Il s'agit moins de marketing que d'aide. Souriez simplement et soyez cordial.

En un rien de temps, ils prennent les articles, les examinent de près et décident eux-mêmes s'ils valent le prix que j'ai fixé. C'est le cas, et une nouvelle vente est réalisée.

Je maintiens des prix raisonnables. Oui, je les majore pour réaliser un bénéfice respectable, mais je maintiens mes prix en dessous du prix de détail. Les clients savent ce que les autres détaillants facturent pour des choses similaires et adorent faire une bonne affaire.

Je m'installe sur les marchés aux puces les plus importants et les plus fréquentés, où de 1 000 à 5 000 clients passent devant mon stand chaque jour. Un pourcentage de ces personnes s'arrêteront et regarderont, et un pourcentage de ceux qui s'arrêteront et regarderont feront un achat.

1 000 $ par week-end équivaut à 500 $ par jour (week-end de deux jours). Environ 33 %, soit 165 $, des 500 $ de recettes sont absorbés par les dépenses (location de l'espace et coût de gros des articles + livraison). Pour gagner 500 $ par jour, je

dois réaliser environ 665 $ de ventes quotidiennes. Je dépasse souvent ce chiffre.

Pour être tout à fait transparent, je n'ai pas seulement 200 $ d'articles disponibles. J'ai entre 1 500 et 2 000 $ d'articles (à mon prix de gros). J'ai démarré mon activité avec seulement 200 dollars parce que c'était tout ce que je pouvais me permettre, et j'ai réinvesti les recettes en achetant d'autres articles et en développant mon activité. En quelques mois seulement, j'ai gagné 800 $ en une seule journée.

Je majore mes produits d'environ trois fois leur prix de gros. Si j'ai payé 1 dollar pour un article, je le vends 3 ou 4 dollars. Si j'ai payé 10 dollars pour un article, je le facture 30 à 40 dollars. La plupart des clients achètent plusieurs articles pendant qu'ils sont là. Je fais facilement plusieurs centaines de ventes par jour.

Par conséquent. Est-ce un vœu pieux ? Non.

Est-ce que ça marche ? Oui !

Pouvez-vous le faire ?

Je crois que vous connaissez déjà la réponse.

De nos jours, de nombreuses personnes ont besoin d'un emploi de week-end. Cherchez-en un qui paie bien et qui rende votre week-end plus agréable que morne.

CHAPITRE 7 : LES ÉTAPES POUR TROUVER RAPIDEMENT UN TRAVAIL LE WEEK-END.

La vie est imprévisible, et vous pouvez avoir besoin d'un emploi de week-end ou à temps partiel rapidement. Voici sept étapes qui permettent de trouver un emploi de week-end dans les plus brefs délais.

Étape 1 : identifiez vos intérêts et vos points forts.

Vous pouvez penser, mais le poste est à temps partiel ! C'est vrai. Cependant, de nombreux emplois à temps partiel sont devenus des emplois à temps plein lorsqu'ils coïncident avec ce qui inspire ou constitue une force de l'individu.

De plus, pourquoi gaspiller vos week-ends à faire quelque chose que vous n'aimez pas quand vous avez des alternatives ? Faites rapidement l'inventaire de vos loisirs, de vos points forts et de ce pour quoi vous êtes vraiment doué, et vous serez sur la voie de la recherche d'un emploi formidable.

Étape 2 : Préparer.

La préparation comprend un CV et d'autres détails, comme le fait d'avoir une boîte vocale pour s'assurer que quelqu'un puisse vous joindre. Votre CV n'a pas besoin d'être exhaustif, mais il doit mettre en évidence vos compétences et expériences les plus pertinentes et attirer les personnes qui partagent vos intérêts et vos capacités.

La préparation implique d'avoir à portée de main des informations de référence, des informations sur vos emplois précédents et actuels, ainsi que d'autres informations dont un employeur potentiel du week-end pourrait avoir besoin rapidement.

Déterminez également à l'avance le type de travail que vous désirez, que vous n'accepterez certainement pas et pourquoi, les heures que vous êtes prêt à sacrifier, la distance que vous êtes prêt à parcourir pour un emploi de week-end et toute autre limitation. Faites la distinction entre ce qui est souhaitable et ce qui n'est pas négociable, et sachez pourquoi vous avez établi des limites aussi rigides. Protégez votre périmètre.

Étape 3 : Soumettre une demande en ligne.

Recherchez des sites de travail à temps partiel et soumettez des candidatures pour tous les postes pertinents.

Étape 4 : Postuler en face à face.

Après avoir postulé à des offres en ligne, vous devez commencer à frapper aux portes. Cela signifie qu'il faut faire le tour des centres commerciaux et demander à chaque client potentiel s'il recrute. Je comprends que cela puisse paraître bizarre, mais votre façon de penser ne fait aucune différence. Je suis étonné par le nombre de changements de temps partiel résultant de la question "Cherchez-vous un travail le week-end ou à temps partiel ?". Parfois, c'est aussi simple que ça.

Étape 5 : Créez votre réseau.

Informez votre réseau social que vous cherchez un emploi pour le week-end ou à temps partiel et indiquez le type de travail que vous aimez. La plupart des postes ne sont pas publiés, et la plupart des entreprises préfèrent acquérir du personnel rapidement, en particulier pour les emplois à temps partiel. Cela implique qu'elles veulent compter sur les recommandations des employés, ce qui rend d'autant plus vital le fait d'informer leur réseau de vos demandes. Ils vous aideront.

Étape 6 : Tenir le compte.

Gardez une trace des personnes avec lesquelles vous avez parlé, en particulier si vous devez les recontacter. Le succès réside dans le suivi. Souvent, ils n'ont pas d'ouverture immédiate, mais s'ils vous demandent de revenir, notez-le et faites-le et vous vous distinguerez de la foule. Gardez des traces afin que votre deuxième suivi soit plus efficace.

Étape 7 : Augmentez vos choix.

Si vous n'avez pas encore trouvé de travail le week-end ou à temps partiel, vous pouvez avoir besoin de chercher des options de travail à domicile. Il existe des possibilités légitimes de saisie de données, de montage à domicile, d'écriture et d'autres possibilités de travail à domicile. Évitez les emplois qui semblent trop intéressants ou qui n'utilisent pas vos compétences et capacités uniques.

CHAPITRE 8: MON TOP 50 DES FAÇONS DE GAGNER 100 $ EN LIGNE EN UN WEEK-END.

Vous pouvez gagner 100 dollars en ligne en un ou deux jours, le week-end, à condition de prendre les mesures appropriées. Voici 50 façons d'y parvenir et d'obtenir un flux constant d'autres revenus à temps partiel.

1. Créez un ebook gratuit sur un sujet tendance et proposez à vos clients une offre premium. Distribuez-le gratuitement en ligne.

2. Créez une critique d'un produit ou d'un livre populaire, publiez-la sur votre blog ou votre site Web avec un lien d'affiliation et diffusez votre article sur un grand nombre de sites de réseaux sociaux et autres.

3. Si vous avez déjà une liste de courriels, vous pouvez envoyer un courriel faisant la promotion d'un nouveau produit à vous ou à quelqu'un d'autre dans le cadre d'un courriel contenant du contenu de valeur.

4. Rédigez trois à cinq articles remarquables pour examiner.com et faites-en la promotion.

5. Publiez plusieurs articles de blog frais avec Google AdSense et diffusez-les sur Twitter, Facebook et d'autres sites de réseaux sociaux et de partage de signets. Faites en sorte qu'ils soient d'actualité, pertinents et attrayants.

6. Créez quelques critiques vidéo de livres populaires ou d'autres produits et faites-en la promotion avec un lien d'affiliation sur plusieurs sites de partage de vidéos.

7. Créez une offre chaude et un contenu chaud, puis partagez le contenu avec un lien vers l'offre chaude sur Facebook.

8. Utilisez la fonction de recherche de Twitter pour localiser les personnes qui cherchent une solution à un problème et concevez un produit qui répond à leur problème ou proposez un produit affilié.

9. Proposez un produit qui aborde un problème ou répond à un sujet urgent que les gens se posent sur les tableaux de messages et les forums.

10. Visitez les groupes Facebook et effectuez les mêmes actions que dans les numéros 8 et 9.

11. Créez une brève enchère eBay pour un produit populaire et vendez-le.

12. Distribuez un ebook gratuit, incluant des liens d'affiliation, et incitez les individus à le diffuser.

13. Organisez une fête sur Internet et vendez certains produits très demandés.

14. Faire payer la participation à un téléséminaire sur un sujet populaire.

15. Faire payer la participation à un téléséminaire sur un sujet d'actualité.

16. Promouvoir une offre de déstockage de produits sur un site Web dans le monde entier.

17. Créez une série de vidéos en ligne sur un sujet d'actualité. Donnez-en une gratuitement et vendez les autres.

18. Passez toute la journée à réaliser des enquêtes rémunérées.

19. Créez un site Web d'une seule page contenant des informations précieuses et incluez un bouton de don PayPal, en demandant aux visiteurs de contribuer ce qu'ils jugent utile à votre contenu.

20. Prenez des photos adorables et sophistiquées. Publiez vos photos sur Facebook ou un autre site Web populaire et offrez aux visiteurs la possibilité d'acheter des tirages.

21. Téléchargez des t-shirts, des autocollants et d'autres produits uniques sur Café Press et faites une promotion agressive de votre site Web.

22. Créez quelques logos de haute qualité et proposez-les à l'achat.

23. Créer une série audio payante similaire à un podcast et la vendre.

24. Trouvez une entreprise qui a besoin d'une publicité vidéo. Créez la publicité et mettez-la en ligne en son nom.

25. Trouvez une entreprise qui a besoin d'un site Web et développez-le pour elle.

26. Proposez à quelques entreprises de produire des témoignages vidéo sur Internet. Faites-leur payer ce service.

27. Trouvez un client qui a besoin d'un écrivain indépendant et passez votre temps à créer des articles pour lui.

28. Vous pouvez vendre des espaces publicitaires sur votre site Web si le trafic est suffisant.

29. Trouvez un site Web qui a besoin de vendre des publicités et demandez une part des revenus. Ensuite, contactez les acheteurs potentiels et proposez la vente de la publicité.

30. Trouvez quelques entreprises prêtes à vous payer pour vous aider à évaluer leurs produits sur votre blog.

31. Proposez d'écrire des articles de blog pour quelqu'un en échange d'une rémunération.

32. Trouvez les livres les plus vendus sur Amazon et faites des publicités textuelles et vidéo avec votre lien d'affiliation.

33. Proposez de participer à un téléséminaire en tant qu'invité et faites-vous payer pour votre expertise.

34. Proposez de participer à une émission de télévision en direct sur un sujet pour lequel vous avez une expertise et demandez un paiement.

35. Organisez un événement en direct sur un sujet d'actualité et vendez des billets en ligne.

36. Combinez certains de vos meilleurs contenus dans un produit d'information, vendez-le à un prix ridiculement bas et faites-en une promotion agressive.

37. Proposez de préparer des repas délicieux et faciles à préparer pour les gens, puis faites-en la publicité en ligne dans votre région locale et livrez-les.

38. Organisez un concours pendant quelques heures au cours duquel des personnes peuvent gagner des produits populaires de grande valeur et offrez à ceux qui n'ont pas gagné une réduction substantielle sur le produit.

39. Proposez de rédiger et de poster des cartes de vœux ou des cartes postales pour une petite entreprise ou une personne qui a besoin d'envoyer de nombreuses cartes ou cartes postales.

40. Annoncez que vous pouvez effectuer des services de courrier local pour quelques personnes.

41. Trouvez plusieurs sujets sur lesquels vous pouvez écrire sur Associated Content et composez les articles correspondants.

42. Proposez vos services en tant qu'assistant virtuel du week-end à une entreprise qui a besoin d'un minimum de travail sur Internet.

43. Annoncez que vous pouvez effectuer des travaux de dactylographie le week-end depuis votre domicile pour un ou deux clients.

44. Visitez upwork.com et recherchez des emplois pour lesquels vous pouvez faire des offres et les compléter.

45. Si vous parlez une langue étrangère, vous pouvez découvrir quelqu'un qui a besoin d'un travail de traduction en ligne.

46. Prenez des photos de quelques animaux adorables et vendez les images en ligne avec l'autorisation des propriétaires.

47. Créez et vendez du matériel PLR original.

48. Créez des paniers cadeaux et vendez-les à côté de vos autres produits ou en tant que promotion pour le week-end seulement.

49. Trouvez une entreprise qui a besoin d'aide pour mettre en place ses pages de réseaux sociaux et faites-le pour elle.

50. Faites payer les gens pour assister à une conférence virtuelle qui cible une niche spécifique.

CONCLUSION.

Aujourd'hui, tout le monde est à la recherche d'argent supplémentaire. Si vous êtes à l'école ou employé dans un bureau, vous n'aurez le temps de gagner de l'argent supplémentaire que le week-end. Soyez un entrepreneur le week-end et gagnez d'autres revenus.

Il existe de nombreuses possibilités de gagner de l'argent le week-end si vous êtes assez débrouillard. Différentes possibilités d'emploi le week-end sont disponibles pour ceux qui cherchent à gagner de l'argent supplémentaire le week-end.

Si vous disposez d'un ordinateur et d'une connexion Internet, vous pouvez d'abord envisager de travailler à domicile et de gagner de l'argent. Internet est l'une des plus grandes places de marché au monde. En utilisant les ressources d'Internet, il n'y a pas de limite à ce que l'on peut gagner.

Avant de commencer, vous devez effectuer des recherches approfondies pour déterminer votre centre d'intérêt et le domaine qui correspondrait le mieux à votre temps disponible et à votre horaire de travail.

Vous pouvez même le faire deux fois par semaine pour gagner de l'argent supplémentaire. De nombreux périodiques et journaux sont continuellement à la recherche de livreurs de fin de semaine. La livraison de journaux peut être une autre option à envisager. Vous pouvez découvrir des informations pertinentes dans votre journal local.

Si vous avez une passion pour le jardinage, vous pouvez également envisager de devenir paysagiste le week-end. Plantez des arbres, rangez et tondez des pelouses et profitez de votre passe-temps tout en gagnant de l'argent. Vos voisins recherchent certainement quelqu'un comme vous.

Vous avez besoin de motivation, d'initiative et de zèle pour devenir un entrepreneur prospère. Les dollars sont une conséquence naturelle. Soyez un entrepreneur pendant les week-ends et gagnez d'autres revenus.

Essayez ce que j'ai fait si vous avez besoin d'argent immédiatement ou dans l'heure. Je gagne plus d'argent aujourd'hui que dans ma précédente entreprise, et vous le pouvez aussi, si vous cliquez sur le lien ci-dessous et lisez l'incroyable histoire vraie. J'ai été méfiant pendant seulement dix secondes après mon adhésion avant de savoir ce que c'était. Vous serez également rayonnant d'une oreille à l'autre, comme je l'ai été.

Comme vous pouvez le constater, il existe de nombreuses possibilités pour les mères de famille de gagner raisonnablement leur vie en travaillant simplement le week-end. La plupart des gens ne réalisent pas qu'une activité de week-end peut être développée au point que vous n'aurez plus jamais besoin d'un autre emploi de 9 à 5. Si vous n'êtes toujours pas sûre de ces méthodes pour gagner de l'argent, sachez que de nombreuses autres options sont disponibles.

Vous devez d'abord tout mettre en place correctement. Pour cela, vous devez équiper votre bureau à domicile du matériel nécessaire, notamment un ordinateur et des chaises de bureau confortables. Vous devez savoir que pour gagner de l'argent en ligne.

Compétences de gestion pour les gestionnaires.

1. Gestion du temps pour les managers
2. Coaching des employés pour les managers
3. Développement de l'esprit d'équipe pour les managers
4. Confiance en soi pour les managers
5. Techniques de négociation pour les managers
6. Compétences en matière de service à la clientèle pour les managers
7. L'affirmation de soi pour les managers
8. Étiquette commerciale pour les managers
9. Techniques d'écoute pour les managers
10. Compétences en matière de leadership pour les managers
11. Compétences en communication pour les managers
12. Techniques de présentation pour les managers
13. Gestion du stress pour les managers
14. Prise de décision pour les managers
15. Gestion des conflits pour les managers.

Série : La liberté financière à tout âge.

- ➢ Atteindre la liberté financière à 20 ans
- ➢ Atteindre la liberté financière dans la trentaine
- ➢ Atteindre la liberté financière dans la quarantaine
- ➢ Atteindre la liberté financière dans la cinquantaine
- ➢ Atteindre la liberté financière à 60 ans
- ➢ Atteindre la liberté financière à 70 ans et plus.
- ➢ Atteindre la liberté financière chez les enfants

- Atteindre la liberté financière chez les adolescents
- Atteindre la liberté financière chez les étudiants universitaires.
- Les escroqueries financières dont il faut se méfier à la retraite.

Série : Des finances personnelles pour vous.
- Acheter et vendre des crypto-monnaies pour les débutants
- Pourquoi investir dans des actions à dividendes est judicieux.

Série : Patrimoine 2022.

- L'entrepreneuriat en ligne.
- Créer sa propre entreprise
- Gestion de patrimoine
- Revenu passif.
- 12 étapes pour créer votre propre entreprise.

Série : Un excellent service à la clientèle.
- Excellent service à la clientèle dans le commerce de détail

- Excellent service à la clientèle dans la restauration rapide
- Excellent service à la clientèle dans un restaurant à service complet
- Excellent service à la clientèle dans l'enseignement.
- Excellent service à la clientèle dans l'immobilier
- Excellent service à la clientèle dans un centre d'appels
- Excellent service à la clientèle en tant que réceptionniste
- Excellent service à la clientèle dans un hôtel
- Excellent service à la clientèle dans la vente
- Excellent service à la clientèle, peu importe la situation.
- Excellent service à la clientèle dans un cabinet dentaire
- Excellent service à la clientèle dans un cabinet médical.

Série : L'argent rapide.

- Argent rapide en une semaine
- Argent rapide en un week-end
- Argent rapide en un mois
- Argent rapide pour les étudiants.

Série : Comment faire de la promotion.

- Comment faire prospérer votre entreprise pendant une récession
- Comment promouvoir votre livre de recettes
- Comment faire la promotion de votre livre pour enfants.

Biographie de l'auteur

D.K. Hawkins. D.K. aime lire des livres sur les affaires personnelles ainsi que passer du temps à l'extérieur. D'autres livres viendront s'ajouter à cette collection, alors suivez-nous sur Amazon pour en savoir plus.

Merci d'avoir acheté ce livre.

Je vous en remercie sincèrement et je vous apprécie, vous, mon excellent client.

Que Dieu vous bénisse.

D.K. Hawkins.

www.ingramcontent.com/pod-product-compliance
Lightning Source LLC
Chambersburg PA
CBHW050008230526
45465CB00003BB/1325